CODE
JUDICIAIRE,
QUATRIÈME ET CINQUIÈME PARTIES :
OU
CODE PÉNAL.

A PARIS,

Chez { LEBOUCHER, Libraire, rue Saint-Honoré, à côté de Saint-Roch, N°. 278, ou à sa boutique, jardin des Feuillans, près l'Assemblée Nationale;
BAUDOUIN, Imprimeur de l'Assemblée Nationale, cour des Capucins Saint-Honoré.

Prix pour Paris, 2 liv. 10 sols broché; pour les Départemens, 3 liv. 5 sols broché.

Baudouin

Le Boucher

CODE JUDICIAIRE,

OU

RECUEIL DES DÉCRETS

DE L'ASSEMBLÉE-NATIONALE-CONSTITUANTE

SUR L'ORDRE JUDICIAIRE:

QUATRIÈME ET CINQUIÈME PARTIES:

CONTENANT *l'une le Code pénal, ou Décrets sur les peines attachées aux crimes; l'autre, le Code de la Police, ou Décrets sur l'ordre, la police & la tranquillité publique,*

Par le Citoyen CAMUS, Garde des Archives Nationale.

À PARIS,
DE L'IMPRIMERIE NATIONALE.
1793.
L'an deuxième de la République française.

AVERTISSEMENT.

LA collection des décrets qui déterminent les peines attachées aux crimes, & celle des décrets qui établissent les moyens d'établir, assurer & conserver la tranquillité publique, forment, sous le titre de *Code pénal* & de *Code de la police*, le complément du code judiciaire. On peut se rappeler que j'ai proposé de distribuer l'universalité des décrets prononcés par l'Assemblée Nationale, sur l'ordre judiciaire, en cinq parties. La première qui traite de l'ordre judiciaire en général, & la seconde qui traite de l'ordre judiciaire civil, sont renfermées dans un même volume qui est le premier de la collection. Le second volume contient uniquement le code criminel. Celui-ci, qui est le troisième, réunit le code pénal & le code de la police. On a donc, dans ces trois volumes, la totalité de ce que l'Assemblée-Constituante a décrété sur l'ordre judiciaire; j'y ai même ajouté quelque décrets de la première législature, qui étoient nécessaires pour l'exécution des décrets de l'Assemblée-Constituante.

En annonçant ici le complément de mon travail ſur l'ordre judiciaire, je rappellerai, de nouveau, aux perſonnes qui ſe propoſent d'en faire uſage, le plan & l'ordre de cette collection. Il m'eſt revenu des plaintes ſur ce que l'on ne trouvoit pas, dans les volumes qui ont déja paru, certains décrets relatifs à l'ordre judiciaire. Des juges-de-paix, par exemple, n'ont pas trouvé dans la première partie, où il s'agit de leur inſtitution & de leur établiſſement, les règles qu'ils avoient à ſuivre, ſoit dans les cas où on ſe préſente pour leur dénoncer un tort perſonnel, ſoit dans les cas où ils ont à maintenir la police de leurs audiences ou la tranquillité publique. Ces décrets ont été cherchés inutilement dans la première partie du code, parce qu'ils ne doivent pas y être : ils ſont claſſés où la diſtribution des matières les appeloit, ſavoir, ce qui regarde la dénonciation du tort perſonnel, dans le code criminel ; & ce qui regarde la police, ſoit des audiences, ſoit des autres lieux publics, dans le code de la police.

Sans doute il ſeroit fort commode que toute perſonne, qui a quelques fonctions à remplir, trouvât, chez le libraire, les extraits tout faits des lois, des instructions & des formules qu'il doit suivre dans chaque cas particulier où il se trouve. Mais ce n'est pas ainsi qu'on doit travailler pour le public, ni opérer sur les lois. Diviser les lois, les déchiqueter pour prendre de côté & d'autre un article & une phrase, qui composent des extraits applicables à tel ou tel fonctionnaire particulier, c'est aider la paresse, j'en conviens, mais c'est faire perdre absolument la science des lois, qui ne peuvent être bien connues que par leur ensemble. Que celui qui a lu toutes les lois sur une matière en général, sur l'ordre judiciaire par exemple, qui connoît parfaitement leur texte, & qui s'est bien pénétré de leur esprit, en fasse des extraits pour son usage particulier, pour se rappeler dans les différentes circonstances où il peut se trouver la lettre d'un texte qui lui échapperoit: rien de mieux; mais c'est-là un travail que chacun doit faire pour soi personnellement; au public, il faut donner des recueils de lois entières, correctes, & distribuées selon un ordre tellement fixe, que l'on puisse facilement trouver la loi dans le lieu où elle doit être placée. C'eſt ce que j'ai tâché d'exécuter dans la diſtribution des différens codes des décrets de l'Aſſemblée-Conſtituante. Ils contiennent chacun tout ce qui appartient au ſujet qui leur eſt propre : ils renvoient d'un code à l'autre pour ce qui n'eſt qu'analogue & correſpondant à leur ſujet propre. Il faut les réunir tous ſi l'on veut avoir la collection générale des décrets de l'Aſſemblée; &, ſi l'on s'attache à une ſeule partie, il eſt indiſpenſable, au moins, de réunir tous ceux qui traitent de cette partie. Cette réunion n'eſt pas difficile. Les trois volumes de l'édition *in*-8°. du code judiciaire peuvent être reliés en un ſeul; ceux de l'édition *in*-32 ne tiennent pas une place trop conſidérable pour qu'on ne puiſſe les avoir en même-temps ſous la main; en les rapprochant ainſi les uns des autres, je crois qu'il n'y a ni juge, ni homme de loi qui ait à ſe plaindre de n'avoir pas facilement à ſa diſpoſition tout ce que l'Aſſemblée-Conſtituante a prononcé de règles relatives à ſes fonctions.

Aux Archives, le 8 Août 1792, l'an quatrième de la Liberté. CAMUS.

TABLES CHRONOLOGIQUES
DES DÉCRETS

Contenus dans les quatrième & cinquième parties du Code judiciaire, ou Code pénal & Code de la Police.

PREMIÈRE TABLE,

Selon la date de la prononciation des décrets par l'Assemblée.

CODE PÉNAL.

SECONDE PARTIE.

Des crimes & de leur punition.

CODE DE LA POLICE.

SECONDE TABLE,

Selon la date des sanctions ou appositions du sceau, & par laquelle on indique vulgairement la date de la loi.

CODE PÉNAL.

CODE DE LA POLICE.

INDICATION des rapports & autres écrits publiés par les membres de l'Aſſemblée nationale, qui ont préparé les décrets recueillis dans le code pénal & dans le code de la police.

Rapport ſur le projet du code pénal, préſenté à l'Aſſemblée Nationale, au nom des comités de conſtitution & de légiſlation criminelle, par M. le Pelletier de Saint-Fargeau.

Diſcours ſur la peine de mort, par J. Pétion.

Opinion de M. Prugnon, ſur la peine de mort.

Opinion ſur la peine de mort, par Adrien Duport.

Diſcours ſur la peine de mort, par M. Mougins Roquefort.

Projet de loi ſur la police municipale & correctionnelle.

ERRATA.

PAGE 73, ligne 11, ſanctionné le 20, *liſez* ſanctionné le 26.

Page 79, art. XIII, ligne 2, un commiſſaire-greffier de police, *liſez* un ſecrétaire-greffier.

Page 116, art. VI, les trois premières lignes de cet article ſont mal ponctuées; elles doivent l'être comme il ſuit:

La maiſon fournira le pain, l'eau & le coucher. Sur le produit du travail du détenu, au tiers ſera appliqué, &c.

Page 160, après la date du décret du 1 juin 1792, *ajoutez* ſanctionné le 8 du même mois.

CODE

CODE JUDICIAIRE, QUATRIÈME PARTIE: OU CODE PÉNAL.

DÉCRET du 25 septembre 1791,

Sanctionné le 6 octobre suivant,

Concernant le Code pénal.

L'ASSEMBLÉE NATIONALE décrète ce qui suit:

PREMIÈRE PARTIE.

Des Condamnations.

TITRE PREMIER.

Des peines en général.

ARTICLE PREMIER.

Les peines qui seront prononcées contre les accusés trouvés coupables par le juré, sont la peine de mort, les fers, la réclusion dans la maison de force, la gêne ; la détention, la déportation, la dégradation civique, le carcan.

Voyez ci-dessous, art. 2 & 3, comment la peine de mort sera appliquée ; art. 6, en quoi consiste la peine des fers ; art. 9, en quoi consiste la peine de la réclusion ; art. 14, en quoi consiste la peine de la gêne ; art. 20, en quoi consiste la peine de la détention ; art. 29 & suiv., en quoi consiste la peine de la déportation ; art. 31 & suiv., ce qui regarde la peine de la dégradation & celle du carcan.

ART. II.

La peine de mort consistera dans la simple privation de la vie, sans qu'il puisse jamais être exercé aucune torture envers les condamnés.

ART. III.

Tout condamné aura la tête tranchée.

Sur la manière d'exécuter cette disposition, voyez le décret du 20 mars 1792, sanctionné le 25 du même mois, qui est rapporté ci-après, à la suite du code pénal.

ART. IV.

Quiconque aura été condamné à mort pour crime d'assassinat, d'incendie ou de poison, sera conduit au lieu de l'exécution, revêtu d'une chemise rouge.

Le parricide aura la tête & le visage voilés d'une étoffe noire ; il ne sera découvert qu'au moment de l'exécution.

ART. V.

L'exécution des condamnés à mort se fera dans la place publique de la ville où le juré d'accusation aura été convoqué.

ART. VI.

Les condamnés à la peine des fers seront employés à des travaux forcés au profit de l'Etat, soit dans l'intérieur des maisons de force, soit dans les ports & arsenaux, soit pour l'extraction des mines, soit pour le desséchement des marais, soit enfin pour tous autres ouvrages pénibles, qui, sur la demande des départemens, pourront être déterminés par le corps législatif.

Au lieu de la dénomination de *peine des fers*, on avoit employé d'abord celle de *peine de la chaîne*; le changement de dénomination a été ordonné lors de la relute du 25 septembre.

ART. VII.

Les condamnés à la peine des fers traîneront à l'un des pieds, un boulet attaché avec une chaîne de fer.

ART. VIII.

La peine des fers ne pourra, en aucun cas, être perpétuelle.

Voyez ci-dessous, article 28.

ART. IX.

Dans le cas où la loi prononce la peine des fers pour un certain nombre d'années, si c'est une femme ou une fille qui est convaincue de s'être rendue coupable desdits crimes, ladite femme ou fille sera condamnée, pour le même nombre d'années, à la peine de la réclusion dans la maison de force.

ART. X.

Les femmes & les filles condamnées à cette peine,

ſeront enfermées dans une maiſon de force, & ſeront employées, dans l'enceinte de ladite maiſon, à des travaux forcés, au profit de l'Etat.

ART. XI.

Les corps adminiſtratifs pourront déterminer le genre des travaux auxquels les condamnés ſeront employés dans leſdites maiſons.

ART. XII.

Il ſera ſtatué par un décret particulier, dans quel nombre & dans quels lieux ſeront formés les établiſſemens deſdites maiſons.

ART. XIII.

La durée de cette peine ne pourra, dans aucun cas, être perpétuelle.

ART. XIV.

Tout condamné à la peine de la gêne ſera enfermé ſeul dans un lieu éclairé, ſans fers ni liens. Il ne pourra avoir, pendant la durée de ſa peine, aucune communication avec les autres condamnés ou avec des perſonnes du dehors.

Voyez ci-deſſous, article 28.

ART. XV.

Il ne ſera fourni au condamné à ladite peine que du pain & de l'eau, aux dépens de la maiſon; le ſurplus ſur le produit de ſon travail.

ART. XVI.

Dans le lieu où il ſera détenu, il lui ſera procuré du

travail à ſon choix, dans le nombre des travaux qui ſeront autoriſés par les adminiſtrateurs de ladite maiſon.

Art. XVII.

Le produit de ſon travail ſera employé ainſi qu'il ſuit :

Un tiers ſera appliqué à la dépenſe commune de la maiſon.

Sur une partie des deux autres tiers, il ſera permis au condamné de ſe procurer une meilleure nourriture.

Le ſurplus ſera réſervé pour lui être remis au moment de ſa ſortie, après que le temps de ſa peine ſera expiré.

Art. XVIII.

Il ſera ſtatué par un décret particulier, dans quel nombre & dans quels lieux ſeront formés les établiſſemens deſtinés à recevoir les condamnés à la peine de la gêne.

Art. XIX.

Cette peine ne pourra, dans aucun cas, être perpétuelle.

Art. XX.

Les condamnés à la peine de la détention ſeront enfermés dans l'enceinte d'une maiſon deſtinée à cet effet.

Voyez ci-deſſous, article 28.

Art. XXI.

Il leur ſera fourni du pain & de l'eau aux dépens de la maiſon ; le ſurplus ſur le produit de leur travail.

Art. XXII.

Il sera fourni aux condamnés, du travail à leur choix, dans le nombre des travaux qui seront autorisés par les administrateurs de ladite maison.

Art. XXIII.

Les condamnés pourront, à leur choix, travailler ensemble ou séparément, sauf toutefois les réclusions momentanées qui pourront être ordonnées par ceux qui seront chargés de la police de la maison.

Sur ceux qui sont chargés de la police des maisons de réclusion, voyez le code criminel, titre XIII, art. 10.

Art. XXIV.

Les hommes & les femmes seront enfermés, & travailleront dans des enceintes séparées.

Art. XXV.

Le produit du travail des condamnés à cette peine, sera employé ainsi qu'il est spécifié en l'article 17 ci-dessus.

Art. XXVI.

La durée de cette peine ne pourra excéder six années.

Art. XXVII.

Il sera statué, par un décret particulier, dans quel nombre & dans quels lieux seront formés les établissemens desdites maisons de détention.

Art. XXVIII.

Quiconque aura été condamné à l'une des peines des fers, de la réclusion dans la maison de force, de la gêne, de la détention, avant de subir sa peine, sera préalablement conduit sur la place publique de la ville où le juré d'accusation aura été convoqué.

Il y sera attaché à un poteau placé sur un échafaud, & il y demeurera exposé aux regards du peuple pendant six heures, s'il est condamné aux peines des fers, ou de la réclusion dans la maison de force, pendant quatre heures, s'il est condamné à la peine de la détention. Au-dessus de sa tête, sur un écriteau, seront inscrits en gros caractères, ses noms, sa profession, son domicile, la cause de sa condamnation, & le jugement rendu contre lui.

Art. XXIX.

La peine de la déportation aura lieu dans le cas & dans les formes qui seront déterminées ci-après.

Art. XXX.

Le lieu où seront conduits les condamnés à cette peine, sera déterminé incessamment par un décret particulier.

Art. XXXI.

Le coupable qui aura été condamné à la peine de la dégradation civique, sera conduit au milieu de la place publique où siége le tribunal criminel qui l'aura jugé.

Le greffier du tribunal lui adressera ces mots à haute voix : *Votre pays vous a trouvé convaincu d'une action infâme; la loi & le tribunal vous dégradent de la qualité de citoyen français.*

Le condamné sera ensuite mis au carcan au milieu de la place publique ; il y restera pendant deux heures, exposé aux regards du peuple. Sur un écriteau seront tracés en gros caractères ses noms, son domicile, sa profession, le crime qu'il a commis & le jugement rendu contre lui.

Voyez l'acte constitutionnel, titre II, art. 6.

Art. XXXII.

Dans les cas où la loi prononce la peine de dégradation civique, si c'est une femme ou une fille, un étranger ou un repris de justice, qui est convaincu de s'être rendu coupable desdits crimes, le jugement portera : *Tel ou tel.... est condamné à la peine du carcan.*

Art. XXXIII.

Le condamné sera conduit au milieu de la place publique de la ville où siége le tribunal criminel qui l'aura jugé.

Le greffier du tribunal lui adressera ces mots, à haute voix : *Le pays vous a trouvé convaincu d'une action infâme.*

Le condamné sera ensuite mis au carcan, & restera, pendant deux heures, exposé aux regards du peuple. Sur un écriteau seront tracés en gros caractères ses noms, sa profession, son domicile, le crime qu'il a commis, & le jugement rendu contre lui.

Art. XXXIV.

Les dommages & intérêts & réparations civiles seront prononcés, lorsqu'il y écherra, indépendamment des peines ci-dessus spécifiées.

Le tribunal criminel est compétent pour les prononcer. *Voyez* le code criminel, titre VIII, art. 21.

ART. XXXV.

Toutes les peines actuellement usitées, autres que celles qui sont établies ci-dessus, sont abrogées.

Voyez le procès-verbal du 3 juin 1791, où est contenue une réserve d'établir d'autres peines pour des délits auxquels celles qui viennent d'être proposées ne seroient pas propres.

TITRE II.

De la récidive.

ARTICLE PREMIER.

Quiconque aura été repris de justice pour crime, s'il est convaincu d'avoir, postérieurement à la première condamnation, commis un second crime emportant l'une des peines des fers, de la réclusion dans la maison de force, de la gêne, de la détention, de la dégradation civique ou du carcan, sera condamné à la peine prononcée par la loi contre ledit crime; & après l'avoir subie, il sera transféré, pour le reste de sa vie, au lieu fixé pour la déportation des malfaiteurs.

ART. II.

Toutefois, si la première condamnation n'a emporté autre peine que celle de la dégradation civique ou du carcan, & que la même peine soit prononcée par la loi contre le second crime dont le condamné est trouvé convaincu, en ce cas le condamné ne sera pas déporté; mais attendu la récidive, la peine de la dégradation civique ou du carcan sera convertie dans celle de deux années de détention.

TITRE III.

De l'exécution des jugemens contre un accusé contumax.

ARTICLE PREMIER.

Lorsqu'un accusé aura été condamné à l'une des peines établies ci-dessus, il sera dressé, dans la place publique de la ville où le juré d'accusation aura été convoqué, un poteau auquel on appliquera un écriteau indicatif des noms du condamné, de son domicile, de sa profession, du crime qu'il a commis, & du jugement rendu contre lui.

Voyez le code criminel, titre IX, art. 8.

ART. II.

Cet écriteau restera exposé aux yeux du peuple pendant douze heures, si la condamnation emporte la peine de mort; pendant six heures, si la condamnation emporte la peine des fers, ou de la réclusion dans la maison de force; pendant quatre heures, si la condamnation emporte la peine de la gêne; pendant deux heures, si la condamnation emporte la peine de la détention & de la dégradation civique, ou du carcan.

TITRE IV.

Des effets des condamnations.

ARTICLE PREMIER.

Quiconque aura été condamné à l'une des peines des fers, de la réclusion dans la maison de force, de la gêne, de la détention, de la dégradation civique ou du carcan, sera déchu de tous les droits attachés à la qualité de citoyen actif, & rendu incapable de les acquérir.

Il ne pourra être rétabli dans ses droits, ou rendu habile à les acquérir, que sous les conditions & dans les délais qui seront prescrits au titre de la réhabilitation (1).

Art. II.

Quiconque aura été condamné à l'une des peines des fers, de la réclusion dans la maison de force, de la gêne ou de la détention, indépendamment des déchéances portées en l'article précédent, ne pourra, pendant la durée de sa peine, exercer par lui-même aucun droit civil. Il sera, pendant ce temps, en état d'interdiction légale, & il lui sera nommé un curateur pour gérer & administrer ses biens.

Art. III.

Ce curateur sera nommé dans les formes ordinaires & accoutumées pour la nomination des curateurs aux interdits.

Art. IV.

Les biens du condamné lui seront remis après qu'il aura subi sa peine; & le curateur lui rendra compte de son administration & de l'emploi de ses revenus.

Art. V.

Pendant la durée de sa peine, il ne pourra lui être remis aucune portion de ses revenus; mais il pourra être prélevé sur ses biens les sommes nécessaires pour élever & doter ses enfans, ou pour fournir des alimens à sa femme,

(1) Ci-après, titre VII.

à ses enfans, à son père ou à sa mère, s'ils sont dans le besoin.

Art. VI.

Ces sommes ne pourront être prélevées sur les biens qu'en vertu d'un jugement rendu à la requête des demandeurs, sur l'avis des parens & du curateur, & sur les conclusions du commissaire du roi.

Art. VII.

Les conducteurs des condamnés, les commissaires & gardiens des maisons où ils seront enfermés, ne permettront pas qu'ils reçoivent, pendant la durée de leur peine, aucun don, argent, secours, vivres ou aumônes, attendu qu'il ne peut leur être accordé de soulagement qu'en considération & sur le produit de leur travail.

Ils seront responsables de leur négligence à exécuter cet article, sous peine de destitution.

Art. VIII.

Les effets résultans de la déportation seront déterminés lors du règlement qui sera fait pour la formation de l'établissement destiné à recevoir les malfaiteurs qui auront été déportés.

TITRE V.

De l'influence de l'âge des condamnés sur la nature & la durée des peines.

Article premier.

Lorsqu'un accusé déclaré coupable par le juré, aura commis le crime pour lequel il est poursuivi, avant l'âge de seize ans accomplis, les jurés décideront, dans les formes ordinaires de leur délibération, la question suivante: *Le coupable a-t-il commis le crime avec ou sans discernement?*

Art. II.

Si les jurés décident que le coupable a commis le crime sans discernement, il sera acquitté du crime; mais le tribunal criminel pourra, suivant les circonstances, ordonner que le coupable sera rendu à ses parens, ou qu'il sera conduit dans une maison de correction, pour y être élevé & détenu pendant tel nombre d'années que le jugement déterminera, & qui toutefois ne pourra excéder l'époque à laquelle il aura atteint l'âge de vingt ans.

Art. III.

Si les jurés décident que le coupable a commis le crime avec discernement, il sera condamné; mais, à raison de son âge, les peines suivantes seront commuées.

Si le coupable a encouru la peine de mort, il sera condamné à vingt années de détention dans une maison de correction.

S'il a encouru la peine des fers, de la réclusion dans la maison de force, de la gêne ou de la détention, il sera condamné à être enfermé dans la maison de correction pendant un nombre d'années égal à celui pour lequel il auroit encouru l'une desdites peines, à raison du crime qu'il a commis.

Art. IV.

Dans les cas portés en l'article précédent, le condamné ne subira pas l'exposition aux regards du peuple, sinon lorsque la peine de mort aura été commuée en vingt années de détention dans une maison de correction ; auquel cas l'exposition du condamné aura lieu pendant six heures, dans les formes qui sont ci-dessus prescrites (1).

Art. V.

Nul ne pourra être déporté, s'il a soixante-quinze ans accomplis.

Art. VI.

Dans les cas où la loi prononce l'une des peines des fers, de la réclusion dans la maison de force, de la gêne, ou de la détention pour plus de cinq années, la durée de la peine sera réduite à cinq ans, si l'accusé trouvé coupable est âgé de soixante-quinze ans accomplis, ou au-delà.

Art. VII.

Tout condamné à l'une desdites peines, qui aura atteint l'âge de quatre-vingts ans accomplis, sera mis en liberté par jugement du tribunal criminel rendu sur sa requête, s'il a subi au moins cinq années de sa peine.

TITRE VI.

De la prescription en matière criminelle.

Article premier.

Il ne pourra être intenté aucune action criminelle pour raison d'un crime, après trois années révolues, lorsque dans cet intervalle il n'aura été fait aucune poursuite.

---

(1) Titre premier, art. 28, page 7.

ART. II.

Quand il aura été commencé des pourſuites à raiſon d'un crime, nul ne pourra être pourſuivi pour raiſon dudit crime, après ſix années révolues, lorſque dans cet intervalle aucun juré d'accuſation n'aura déclaré qu'il y a lieu à accuſation contre lui, ſoit qu'il ait ou non été impliqué dans les pourſuites qui auront été faites.

Les délais portés au préſent article & au précédent, commenceront à courir du jour où l'exiſtence du crime aura été connue & légalement conſtatée.

ART. III.

Aucun jugement de condamnation, rendu par un tribunal criminel, ne pourra être mis à exécution, quant à la peine, après un laps de vingt années révolues, à compter du jour où ledit jugement aura été rendu.

Voyez l'art. 15 du titre IX du code criminel.

TITRE VII.

De la réhabilitation des condamnés.

ARTICLE PREMIER.

Tout condamné qui aura ſubi ſa peine, pourra demander à la municipalité du lieu de ſon domicile une atteſtation à l'effet d'être réhabilité;

Savoir, les condamnés aux peines des fers, de la récluſion dans la maiſon de force, de la gêne, de la détention, dix ans après l'expiration de leurs peines; les condamnés à la peine de la dégradation civique ou du carcan, après dix ans à compter du jour de leur jugement.

ART. II.

Aucun condamné ne pourra demander ſa réhabilitation, ſi depuis deux ans accomplis il n'eſt pas domicilié dans le territoire de la municipalité à laquelle ſa demande eſt adreſſée, & s'il ne joint à ladite demande des certificats & atteſtations de bonne conduite, qui lui auront été délivrés par les municipalités ſur le territoire deſquelles il a pu avoir ſon habitation ou ſon domicile pendant les dix années qui ont précédé ſa demande.

Leſquels certificats ou atteſtations de bonne conduite ne pourront lui être délivrés qu'à l'inſtant où il quittera leſdits domicile ou habitation.

ART. III.

Huit jours au plus après ſa demande, le conſeil-général de la commune ſera convoqué, & il lui ſera donné connoiſſance de la demande.

ART. IV.

Le conſeil-général de la commune ſera de nouveau convoqué au bout d'un mois; pendant ce temps, chacun de ſes membres pourra prendre, ſur la conduite du condamné, les renſeignemens qu'il jugera convenables.

ART. V.

Les avis ſeront recueillis par la voie du ſcrutin; & il ſera décidé, à la majorité des voix, ſi l'atteſtation ſera ou non accordée.

ART. VI.

Si la majorité eſt pour que l'atteſtation ſoit accordée, deux

deux officiers municipaux, revêtus de leur écharpe, ou, avec leur procuration, deux officiers municipaux de la ville où siége le tribunal criminel du département dans le territoire duquel le condamné est actuellement domicilié, conduiront le condamné devant ledit tribunal criminel.

Ils y paroîtront avec lui dans l'auditoire, en présence des juges & du public.

Après avoir fait lecture du jugement prononcé contre le condamné, ils diront, à haute voix : *Un tel a expié son crime en subissant sa peine : maintenant sa conduite est irréprochable ; nous demandons, au nom de son pays, que la tache de son crime soit effacée.*

Art. VII.

Le président du tribunal, sans délibération, prononcera ces mots : *Sur l'attestation & la demande de votre pays, la loi & le tribunal effacent la tache de votre crime.*

Art. VIII.

Il sera dressé du tout procès-verbal.

Art. IX.

Si le tribunal criminel où le jugement de réhabilitation sera prononcé, est autre que celui où a été rendu le jugement de condamnation, la copie dudit procès-verbal sera envoyée pour être transcrite sur le registre, en marge du jugement de condamnation.

Art. X.

La réhabilitation fera cesser, dans la personne du condamné, tous les effets & toutes les incapacités résultantes de la condamnation.

ART. XI.

Toutefois l'exercice des droits de citoyen actif du condamné demeurera suspendu à l'égard du réhabilité, jusqu'à ce qu'il ait satisfait aux dommages & intérets, ainsi qu'aux autres condamnations pécuniaires qui auront pu être prononcées contre lui.

ART. XII.

Si la majorité des voix du corps municipal est pour refuser l'attestation, le condamné ne pourra former une nouvelle demande que deux ans après; & ensuite de deux ans en deux ans, tant que l'attestation n'aura pas été accordée.

ART. XIII.

L'usage de tous actes tendans à empêcher ou à suspendre l'exercice de la justice criminelle, l'usage des lettres de grace, de rémission, d'abolition, de pardon, de commutation de peine, sont abolis pour tout crime poursuivi par voie de jurés.

SECONDE PARTIE.

Des crimes & de leur punition.

TITRE PREMIER.

Crimes & attentats contre la chose publique.

SECTION PREMIÈRE.

Des crimes contre la sûreté extérieure de l'État.

ARTICLE PREMIER.

Quiconque sera convaincu d'avoir pratiqué des machinations ou entretenu des intelligences avec les puissances étrangères, ou avec leurs agens, pour les engager à commettre des hostilités, ou pour leur indiquer les moyens d'entreprendre la guerre contre la France, sera puni de mort, soit que ces machinations ou intelligences ayent été ou non suivies d'hostilités.

ART. II.

Lorsqu'il aura été commis quelques aggressions hostiles ou infractions des traités, tendantes à allumer la guerre entre la France & une nation étrangère, & que le corps législatif trouvant coupables lesdites aggressions hostiles ou infractions de traités, aura déclaré qu'il y a lieu à accusation contre les auteurs, le ministre qui en aura donné ou contre-signé l'ordre, ou le commandant des forces nationales de terre ou de mer, qui, sans ordre, aura commis lesdites aggressions hostiles ou infractions de traités, sera puni de mort.

ART III.

Tout François qui portera les armes contre la France, sera puni de mort.

ART. IV.

Toutes manœuvres, toutes intelligences avec les ennemis de la France, tendantes, soit à faciliter leur entrée dans les dépendances de l'empire françois, soit à leur livrer des villes, forteresses, ports, vaisseaux, magasins ou arsenaux appartenans à la France, soit à leur fournir des secours en soldats, argent, vivres ou munitions, soit à favoriser d'une manière quelconque le progrès de leurs armes sur le territoire françois, ou contre nos forces de terre ou de mer, soit à ébranler la fidélité des officiers, soldats, & des autres citoyens envers la nation françoise, seront punies de mort.

ART. V.

Les trahisons de la nature de celles mentionnées en l'article précédent, commises en temps de guerre envers les alliés de la France, agissant contre l'ennemi commun, seront punies de la même peine.

ART. VI.

Tout fonctionnaire public, chargé du secret d'une négociation, d'une expédition ou d'une opération militaire, qui sera convaincu de l'avoir livré méchamment & traîtreusement aux agens d'une puissance étrangère, ou, en cas de guerre, à l'ennemi, sera puni de mort.

ART. VII.

Tout fonctionnaire public, chargé, à raison dès fonctions qui lui sont confiées, du dépôt des plans, soit de fortifications ou d'arsenaux, soit de ports ou de rades, qui sera convaincu d'avoir méchamment & traîtreusement livré lesdits plans aux agens d'une puissance étrangère, ou, en cas de guerre à l'ennemi, sera puni de la peine de vingt années de gêne.

SECTION II.

Des crimes contre la sûreté intérieure de l'État.

ARTICLE PREMIER.

Tous complots & attentats contre la personne du roi, du régent ou de l'héritier présomptif du trône, seront punis de mort.

ART. II.

Toutes conspirations & complots tendans à troubler l'Etat par une guerre civile, en armant les citoyens les uns contre les autres, ou contre l'exercice de l'autorité légitime, seront punis de mort.

ART. III.

Tout enrôlement de soldats, levée de troupes, amas d'armes & de munitions pour exécuter les complots & machinations mentionnés en l'article précédent;

Toute attaque ou résistance envers la force publique, agissant contre l'exécution desdits complots;

Tout envahissement de ville, forteresse, magasins, arsenal, port ou vaisseaux, seront punis de mort.

Les auteurs, chefs, instigateurs desdites révoltes, & tous ceux qui seront pris les armes à la main, subiront la même peine.

Art. IV.

Les pratiques & intelligences avec les révoltés, de la nature de celles mentionnées en l'article 4 de la première section du présent titre (1), seront punies de la même peine.

Art. V.

Tout commandant d'un corps de troupes, d'une flotte ou d'une escadre, d'une place forte, ou d'un port, qui retiendra le commandement contre l'ordre du roi;

Tout commandant qui tiendra son armée rassemblée lorsque la séparation en aura été ordonnée; tout chef militaire qui retiendra sa troupe sous les drapeaux, lorsque le licenciement en aura été ordonné, seront coupables de crime de révolte, & punis de mort.

SECTION III.

Crimes & attentats contre la Constitution.

Article premier.

Tout complot ou attentat pour empêcher la réunion, ou pour opérer la dissolution d'une assemblée primaire, ou d'une assemblée électorale, seront punis de la peine de la gêne pendant quinze ans.

Art. II.

Quiconque sera convaincu d'avoir, par force & violence, écarté ou chassé un citoyen actif d'une assemblée

(1) Ci-devant, page 20.

primaire, ſera puni de la peine de la dégradation civique.

Art. III.

Si des troupes de ligne inveſtiſſent le lieu des ſéances deſdites aſſemblées, ou pénètrent dans ſon enceinte ſans l'autoriſation ou la réquiſition deſdites aſſemblées, le miniſtre ou commandant qui en aura donné ou contre-ſigné l'ordre, les officiers qui l'auront fait exécuter, ſeront punis de la peine de la gêne pendant quinze années.

Art. IV.

Toutes conſpirations ou attentats pour empêcher la réunion, ou pour opérer la diſſolution du corps légiſlatif, ou pour empêcher par force & violence la liberté de ſes délibérations ;

Tous attentats contre la liberté individuelle d'un de ſes membres, ſeront punis de mort.

Tous ceux qui auront participé auxdites conſpirations, attentats, par les ordres qu'ils auront donnés ou exécutés, ſubiront la peine portée au préſent article.

Voyez l'acte conſtitutionnel, titre II, chapitre I, art. 6 & 7.

Art. V.

Si des troupes de ligne approchent ou ſéjournent plus près de trente mille toiſes de l'endroit où le corps légiſlatif tiendra ſes ſéances, ſans que le corps légiſlatif en ait autoriſé ou requis l'approche ou le ſéjour, le miniſtre qui en aura donné ou contre-ſigné l'ordre, ou le commandant en chef qui, ſans ordre donné ou contre-ſigné par le miniſtre, aura fait approcher ou ſéjourner leſdites troupes, ſera puni de la peine de dix années de gêne.

Voyez l'acte conſtitutionnel, titre III, chapitre III, ſection première, article 5.

ART. VI.

Quiconque aura commis l'attentat d'investir d'hommes armés le lieu des séances du corps législatif, ou de les y introduire sans son autorisation ou sa réquisition, sera puni de mort.

Tous ceux qui auront participé audit attentat, par les ordres qu'ils auront donnés ou exécutés, subiront la peine portée au présent article.

ART. VII.

Toutes conspirations ou attentats ayant pour objet d'intervertir l'ordre de la succession au trône, déterminé par la constitution, seront punis de mort.

Voyez l'acte constitutionnel, titre III, chapitre II.

ART. VIII.

Si quelque acte étoit publié comme loi, sans avoir été décrété par le corps législatif, & que ledit acte soit extérieurement revêtu d'une forme législative différente de celle prescrite par la constitution, tout ministre qui l'aura contre-signé, sera puni de mort.

Tout agent du pouvoir exécutif, qui l'aura fait publier ou exécuter, sera puni de la peine de la dégradation civique.

ART. IX.

Si quelque acte extérieurement revêtu de la forme législative, prescrite par la constitution, étoit publié comme loi, sans toutefois que l'acte ait été décrété par le corps législatif, le ministre qui l'aura contre-signé, sera puni de mort.

ART. X.

En cas de publication d'une loi extérieurement revêtue de la forme législative prescrite par la constitution, mais dont le texte auroit été altéré ou falsifié, le ministre qui l'aura contre-signé, sera puni de mort.

Dans le cas porté au présent & au précédent article, le ministre sera seul responsable.

ART. XI.

Si quelque acte portant établissement d'un impôt ou emprunt national étoit publié, sans que ledit emprunt ou impôt ait été décrété par le corps législatif, & que ledit acte soit extérieurement revêtu d'une forme législative, différente de celle prescrite par la constitution, le ministre qui aura contre-signé ledit acte, donné ou contre-signé des ordres pour percevoir ledit impôt, ou recevoir les fonds dudit emprunt, sera puni de mort.

Tout agent du pouvoir exécutif, qui aura exécuté lesdits ordres, soit en percevant ledit impôt, soit en recevant les fonds dudit emprunt, sera puni de la peine de la dégradation civique.

ART. XII.

Si ledit acte, extérieurement revêtu de la forme législative prescrite par la constitution, étoit publié sans toutefois que ledit impôt ou emprunt ait été décrété par le corps législatif, le ministre qui aura contre-signé des ordres pour recevoir ledit impôt, ou recevoir les fonds dudit emprunt, sera puni de mort.

Dans le cas porté au présent article, le ministre seul sera responsable.

Art. XIII.

Si quelque acte ou ordre émané du pouvoir exécutif rétablissoit des ordres, corps politiques, administratifs, ou judiciaires que la constitution a détruits; détruisoit les corps établis par la constitution, ou créoit des corps autres que ceux que la constitution a établis, tout ministre qui aura contre-signé ledit acte ou ledit ordre, sera puni de la peine de vingt années de gêne.

Tous ceux qui auront participé au crime, soit en acceptant les pouvoirs, soit en exerçant les fonctions conférées par ledit acte, seront punis de la peine de la dégradation civique.

Art. XIV.

S'il émanoit du pouvoir exécutif un acte portant nomination, au nom du roi, d'un emploi qui, suivant la constitution, ne peut être conféré que par l'élection libre des citoyens, le ministre qui aura contre-signé ledit acte, sera puni de la peine de la dégradation civique.

Ceux qui auront participé à ce crime, en acceptant ledit emploi, ou en exerçant lesdites fonctions, seront punis de la même peine.

Art. XV.

Toutes machinations ou violences ayant pour objet d'empêcher la réunion, ou d'opérer la dissolution de toute assemblée administrative, d'un tribunal, ou de toute assemblée constitutionnelle & légale, soit de commune, soit municipale, seront punies de la peine de six années de gêne, si lesdites violences ont été exercées avec armes; & de trois années de détention, si elles sont exercées sans armes.

Art XVI.

Tout ministre qui sera coupable du crime mentionné

en l'article précédent, par les ordres qu'il aura donnés ou contre-signés, sera puni de la peine de douze années de gêne.

Les chefs, commandans & officiers qui auront contribué à exécuter lesdits ordres, seront punis de la même peine.

Si par l'effet desdites violences quelque citoyen perd la vie, la peine de mort sera prononcée contre les auteurs desdites violences, & contre ceux qui, par le présent article, en sont rendus responsables.

Le présent article & le précédent ne portent point atteinte au droit délégué par la constitution aux autorités légitimes, de suspendre de leurs fonctions les assemblées administratives ou municipales.

Voyez l'acte constitutionnel, titre III, chapitre IV, section II, article 5 & suivans.

Art. XVII.

Tout ministre qui, en temps de paix, aura donné ou contre-signé des ordres pour lever ou entretenir un nombre de troupes de terres, supérieur à celui qui aura été déterminé par les décrets du corps législatif, ou pour augmenter le nombre proportionnel des troupes étrangères, fixé par lesdits décrets, sera puni de la peine de vingt ans de gêne.

Art. XVIII.

Toute violence exercée par l'action des troupes de ligne contre les citoyens, sans réquisition légitime, & hors des cas expressément prévus par la loi, sera punie de la peine de vingt années de gêne.

Le ministre qui en aura donné ou contre-signé l'ordre, les commandans & officiers qui auront exécuté ledit ordre, ou qui, sans ordre, auront fait commettre lesdites violences, seront punis de la même peine.

Si par l'effet desdites violences quelque citoyen perd la vie, la peine de mort sera prononcée contre les auteurs desdites violences, & contre ceux qui, par le présent article, en sont rendus responsables.

ART. XIX.

Tout attentat contre la liberté individuelle, base essentielle de la constitution françoise, sera puni ainsi qu'il suit:

Tout homme, quelle que soit sa place ou son emploi, autre que ceux qui ont reçu de la loi le droit d'arrestation, qui donnera, signera, exécutera l'ordre d'arrêter une personne vivant sous l'empire & la protection des lois françoises, ou l'arrêtera effectivement, si ce n'est pour la remettre sur-le-champ à la police, dans les cas déterminés par la loi, sera puni de la peine de six années de gêne.

Conférez avec cet article & les suivans le titre XIV du code criminel.

ART. XX.

Si ce crime étoit commis en vertu d'un ordre émané du pouvoir exécutif, le ministre qui l'aura contre-signé, sera puni de la peine de douze ans de gêne.

ART. XXI.

Tout geolier & gardien de maison d'arrêt, de justice, de correction ou de prison pénale, qui recevra ou retiendra ladite personne, sinon en vertu de mandats, ordonnances, jugemens ou autre acte légal, sera puni de la peine de six années de gêne.

ART. XXII.

Quoique ladite personne ait été arrêtée en vertu d'un

acte légal, si elle est détenue dans une maison autre que les lieux légalement & publiquement désignés pour recevoir ceux dont la détention est autorisée par la loi:

Tous ceux qui auront donné ordre de la détenir, ou qui l'auront détenue, ou qui auront prêté leur maison pour la détenir, seront punis de six années de gêne.

Si ce crime étoit commis en vertu d'un ordre émané du pouvoir exécutif, le ministre qui l'aura contre-signé, sera puni de la peine de douze ans de gêne.

Art. XXIII.

Quiconque sera convaincu d'avoir volontairement & sciemment supprimé une lettre confiée à la poste, ou d'en avoir brisé le cachet, & violé le secret, sera puni de la peine de la dégradation civique.

Si le crime est commis, soit en vertu d'un ordre émané du pouvoir exécutif, soit par un agent du service des postes, le ministre qui en aura donné ou contre-signé l'ordre, quiconque l'aura exécuté, ou l'agent du service des postes qui, sans ordre, aura commis ledit crime, sera puni de la peine de deux ans de gêne.

Art. XXIV.

S'il émanoit du pouvoir exécutif quelque acte ou quelque ordre pour soustraire un de ses agens, soit à la poursuite légalement commencée de l'action en responsabilité, soit à la peine prononcée légalement en vertu de ladite responsabilité, le ministre qui aura contre-signé ledit ordre ou acte, & quiconque l'aura exécuté, sera puni de la peine de dix ans de gêne.

Art. XXV.

Dans tous les cas mentionnés en la présente section

& dans les précédentes, où les ministres sont rendus responsables des ordres qu'ils auront donnés ou contre-signés, ils pourront être admis à prouver que leur signature a été surprise; & en conséquence, les auteurs de la surprise seront poursuivis; & s'ils sont convaincus, ils seront condamnés aux peines que le ministre auroit encourues.

SECTION IV.

Délits des particuliers contre le respect & l'obéissance dus à la loi & à l'autorité des pouvoirs constitués pour la faire exécuter.

ARTICLE PREMIER.

Lorsqu'un ou plusieurs agens préposés, soit à l'exécution d'une loi, soit à la perception d'une contribution légalement établie, soit à l'exécution d'un jugement, mandat, d'une ordonnance de justice ou de police; lorsque tout dépositaire quelconque de la force publique, agissant légalement dans l'ordre de ses fonctions, aura prononcé cette formule: *Obéissance à la loi:*

Quiconque opposera des violences & voies de fait, sera coupable du crime d'offense à la loi; il sera puni de la peine de deux années de détention.

ART. II.

Si ladite résistance est opposée avec armes, la peine sera de quatre années de fers.

ART. III.

Lorsque ladite résistance aura été opposée par plusieurs personnes réunies au-dessous du nombre de seize, la peine sera de quatre années de fers, si la résistance est opposée sans armes.

ART. IV.

Lorſque ladite réſiſtance aura été oppoſée par un attroupement de plus de quinze perſonnes, la peine ſera de huit années de fers, ſi la réſiſtance eſt oppoſée ſans armes; & de ſeize années de fers, ſi la réſiſtance eſt oppoſée avec armes.

ART. V.

Lorſque le progrès d'un attroupement ſéditieux aura néceſſité l'emploi de la force des armes preſcrit par les articles 26 & 27 de la loi du 3 août 1791, relative à la force publique contre les attroupemens, après que les ſommations preſcrites par leſdits articles, auront été faites aux ſéditieux par un officier civil, quiconque ſera ſaiſi ſur-le-champ en état de réſiſtance, ſera puni de mort.

Voyez la loi du 3 août 1791, ou décret des 26 & 27 juillet 1791, dans le code de la police.

ART. VI.

Les coupables des crimes mentionnés aux premier, ſecond, troiſième & quatrième articles de la préſente ſection, qui auroient commis perſonnellement des homicides ou incendies, ſeront punis de mort.

ART. VII.

Quiconque aura outragé un fonctionnaire public, en le frappant au moment où il exerçoit ſes fonctions, ſera puni de la peine de deux années de détention.

ART. VIII.

Quiconque aura délivré, ou ſera convaincu d'avoir tenté de délivrer par force ou violence, des perſonnes légalement détenues, ſera puni de trois années de fers.

ART. IX.

Si le coupable du crime mentionné en l'article précédent, étoit porteur d'armes à feu ou de toutes autres armes meurtrières, la peine sera de six années de fers.

ART. X.

Lorsque les crimes mentionnés aux deux précédens articles, auront été commis par deux ou par plusieurs personnes réunies, la durée de la peine sera de six années, si le crime a été commis sans armes & de douze années, si les coupables dudit crime étoient porteurs d'armes à feu ou de toutes autres armes meurtrières.

SECTION V.

Crimes des fonctionnaires publics dans l'exercice des pouvoirs qui leur sont confiés.

ARTICLE PREMIER.

Tout agent du pouvoir exécutif, ou fonctionnaire public quelconque, qui aura employé ou requis l'action de la force publique, dont la disposition lui est confiée, pour empêcher l'exécution d'une loi ou la perception d'une contribution légitimement établie, sera puni de la peine de la gêne pendant dix années.

ART. II.

Tout agent du pouvoir exécutif, tout fonctionnaire public quelconque, qui aura employé ou requis l'action de la force publique, dont la disposition lui est confiée, pour empêcher l'exécution d'un jugement, mandat ou ordonnance de justice, ou d'un ordre émané d'officiers municipaux, de police ou de corps administratifs, ou pour empêcher l'action d'un pouvoir légitime, sera puni de la peine de six années de détention.

Le

Le supérieur, qui, le premier, aura donné lesdits ordres, en sera seul responsable, & subira la peine portée au présent article.

Art. III.

Si par suite & à l'occasion de la résistance mentionnée aux deux précédens articles, il survient un attroupement séditieux, de la nature de ceux désignés aux art. 4, 5 & 6 de la précédente section, l'agent du pouvoir exécutif, ou le fonctionnaire public en sera responsable, ainsi que des meurtres, violences & pillages auxquels cette résistance aura donné lieu; & il sera puni des peines prononcées contre les séditieux & les auteurs des meurtres, violences & pillages.

Art. IV.

Tout dépositaire ou agent de la force publique, qui, après en avoir été requis légitimement, aura refusé de faire agir ladite force, sera puni de la peine de trois années de détention.

Art. V.

Tout fonctionnaire public qui, par abus de ses fonctions, & sous quelque prétexte que ce soit, provoqueroit directement les citoyens à désobéir à la loi ou aux autorités légitimes, ou les provoqueroit à des meurtres ou à d'autres crimes, sera puni de la peine de six années de gêne.

Et si par suite, à l'occasion de ladite provocation, il survient quelque attroupement séditieux, de la nature de ceux désignés aux articles 4, 5 & 6 de la précédente section, meurtre ou autre crime, le fonctionnaire public en sera responsable, & subira les peines portées contre les séditieux & les auteurs des meurtres & autres crimes qui ont été commis.

Art. VI.

Tout fonctionnaire public, révoqué ou destitué, suspendu ou interdit par l'autorité supérieure qui avoit ce droit; tout fonctionnaire public, électif ou temporaire, après l'expiration de ses pouvoirs, qui continueroit l'exercice des mêmes fonctions publiques, sera puni de la peine de deux années de gêne. Si par suite, & à l'occasion de sa résistance, il survient un attroupement de la nature de ceux mentionnés aux articles 4, 5 & 6 de la précédente section, meurtre ou autre crime, ledit fonctionnaire public en sera responsable, & subira les peines portées contre les séditieux & les auteurs des meurtres & autres crimes qui auront été commis.

Art. VII.

Tout membre de la législature, qui sera convaincu d'avoir, moyennant argent, présens ou promesses, trafiqué de son opinion, sera puni de mort.

Art. VIII.

Tout fonctionnaire public, tout citoyen placé sur la liste des jurés, qui sera convaincu d'avoir, moyennant argent, présens ou promesses, trafiqué de son opinion ou de l'exercice du pouvoir qui lui est confié, sera puni de la peine de la dégradation civique.

Art. IX.

Tout juré, après le serment prêté, tout juge criminel, tout officier de police criminelle, qui sera convaincu d'avoir, moyennant argent, présens, promesses, trafiqué de son opinion, sera puni de la peine de vingt années de gêne.

Art. X.

Les coupables mentionnés aux deux articles précédens, seront en outre condamnés à une amende égale à la valeur de la somme ou de l'objet qu'ils auront reçu.

Art. XI.

Tout fonctionnaire public qui sera convaincu d'avoir détourné les deniers publics dont il étoit comptable, sera puni de la peine de quinze années de fers.

Art. XII.

Tout fonctionnaire ou officier public qui sera convaincu d'avoir détourné ou soustrait des deniers, effets, actes, pièces ou titres, dont il étoit dépositaire à raison des fonctions publiques qu'il exerce, & par l'effet d'une confiance nécessaire, sera puni de la peine de douze années de fers.

Art. XIII.

Tout geolier ou gardien qui aura volontairement fait évader ou favorisé l'évasion de personnes légalement détenues, & dont la garde lui étoit confiée, sera puni de la peine de deux années de fers.

Art. XIV.

Tout fonctionnaire & officier public, toute personne commise à la perception de droits & contributions publiques, qui sera convaincu d'avoir commis, par lui ou par ses préposés, le crime de concussion, sera puni de la peine de six années de fers, sans préjudice de la restitution des sommes reçues illégitimement.

ART. XV.

Tout fonctionnaire ou officier public qui sera convaincu de s'être rendu coupable du crime de faux dans l'exercice de ses fonctions, sera puni de la peine des fers pendant vingt ans.

SECTION VI.

Crimes contre la propriété publique.

ARTICLE PREMIER.

Quiconque sera convaincu d'avoir contrefait ou altéré les espèces ou monnoies nationales ayant cours, ou d'avoir contribué sciemment à l'exposition desdites espèces de monnoies contrefaites ou altérées, ou à leur introduction dans l'enceinte du territoire de l'empire françois, sera puni de la peine de quinze années de fers.

ART. II.

Quiconque sera convaincu d'avoir contrefait des papiers nationaux ayant cours de monnoie, ou d'avoir contribué sciemment à l'exposition desdits papiers contrefaits, ou à leur introduction dans l'enceinte du territoire françois, sera puni de mort.

ART. III.

Quiconque sera convaincu d'avoir contrefait le sceau de l'État, sera puni de quinze années de fers.

ART. IV.

Quiconque sera convaincu d'avoir contrefait le timbre national, sera puni de douze années de fers.

ART. V.

Quiconque sera convaincu d'avoir contrefait le poinçon servant à marquer l'or & l'argent, ou les marques apposées, au nom du gouvernement, sur toute espèce de marchandises, sera puni de dix années de fers.

ART. VI.

Toute personne, autre que le dépositaire comptable, qui sera convaincue d'avoir volé des deniers publics ou effets mobiliers appartenans à l'Etat, d'une valeur de dix livres ou au-dessus, sera punie de la peine de quatre années de fers:

Sans préjudice des peines plus graves portées ci-après contre les vols avec violence envers les personnes, effractions, escalades ou fausses clefs. Si ledit vol est commis avec l'une desdites circonstances, dans ces cas les peines portées contre lesdits vols seront encourues, quelle que soit la valeur de l'objet volé.

ART. VII.

Quiconque sera convaincu d'avoir mis le feu à des édifices, magasins, arsenaux, vaisseaux, ou autres propriétés appartenantes à l'Etat, ou à des matières combustibles, disposées pour communiquer le feu auxdits édifices, magasins, arsenaux, vaisseaux, ou autres propriétés, sera puni de mort.

ART. VIII.

Quiconque ſera convaincu d'avoir détruit par l'exploſion d'une mine, ou diſpoſé l'effet d'une mine pour détruire les propriétés mentionnées en l'article précédent, ſera puni de mort.

TITRE II.

Crimes contre les particuliers.

SECTION PREMIÈRE.

Crimes & attentats contre les perſonnes.

ARTICLE PREMIER.

En cas d'homicide commis involontairement, s'il eſt prouvé que c'eſt par un accident qui ne ſoit l'effet d'aucune ſorte de négligence, ni d'imprudence de la part de celui qui l'a commis, il n'exiſte point de crime; & il n'y a lieu à prononcer aucune peine, ni même aucune condamnation civile.

ART. II.

En cas d'homicide commis involontairement, mais par l'effet de l'imprudence ou de la négligence de celui qui l'a commis, il n'exiſte point de crime, & l'accuſé ſera acquitté; mais en ce cas il ſera ſtatué par les juges ſur les dommages & intérêts, & même ſur les peines correctionnelles, ſuivant les circonſtances.

Par les juges du tribunal criminel, décret du 16 ſeptembre 1791, titre VIII, article 31.

ART. III.

Dans le cas d'homicide légal, il n'exiſte point de

crime, & il n'y a lieu à prononcer aucune peine, ni même aucune condamnation civile.

ART. IV.

L'homicide eſt commis légalement lorſqu'il eſt ordonné par la loi, & commandé par une autorité légitime.

ART. V.

En cas d'homicide légitime, il n'exiſte point de crime, & il n'y a lieu à prononcer aucune peine, ni même aucune condamnation civile.

ART. VI.

L'homicide eſt commis légitimement lorſqu'il eſt indiſpenſablement commandé par la néceſſité actuelle de la légitime défenſe de ſoi-même ou d'autrui.

ART. VII.

Hors les cas déterminés par les précédens articles, tout homicide commis volontairement envers quelques perſonnes, avec quelques armes, inſtrumens, & par quelque moyen que ce ſoit, ſera qualifié & puni ainſi qu'il ſuit, ſelon le caractère & les circonſtances du crime.

ART. VIII.

L'homicide commis ſans préméditation, ſera qualifié meurtre, & puni de la peine de vingt années de fers.

ART. IX.

Lorſque le meurtre ſera la ſuite d'une provocation

violente, sans toutefois que le fait puisse être qualifié, homicide légitime, il pourra être déclaré excusable; & la peine sera de dix années de gêne.

La provocation par injures verbales ne pourra, en aucun cas, être admise comme excuse de meurtre.

Art. X.

Si le meurtre est commis dans la personne du père ou de la mère, légitimes ou naturels, ou de tout autre ascendant légitime du coupable, le parricide sera puni de mort; & l'exception portée au précédent article ne sera point admissible.

Art. XI.

L'homicide commis avec préméditation sera qualifié d'assassinat, & sera puni de mort.

Art. XII.

L'homicide commis volontairement par poison, sera qualifié de crime d'empoisonnement, & puni de mort.

Art. XIII.

L'assassinat, quoique non consommé, sera puni de la peine portée en l'article 11, lorsque l'attaque à dessein de tuer aura été effectuée.

Art. XIV.

Sera qualifié assassinat, &, comme tel, puni de mort, l'homicide qui aura précédé, accompagné ou suivi d'autres crimes, tels que ceux de vol, d'offense à la loi, de sédition, ou tous autres.

Art. XV.

L'homicide par poison, quoique non consommé, sera puni de la peine portée en l'art. 12, lorsque l'empoisonnement aura été effectué, ou lorsque le poison aura été présenté ou mêlé avec des alimens, ou breuvages spécialement destinés, soit à l'usage de la personne contre laquelle ledit attentat aura été dirigé, soit à l'usage de toute une famille, société ou habitans d'une même maison, soit à l'usage du public.

Art. XVI.

Si toutefois avant l'empoisonnement effectué, ou avant que l'empoisonnement desdits alimens ou breuvages ait été découvert l'empoisonneur arrêtoit l'exécution du crime, en supprimant lesdits alimens & breuvages, soit en empêchant qu'on en fasse usage, l'accusé sera acquitté.

Art. XVII.

Quiconque sera convaincu d'avoir, par breuvages, par violence, ou par tous autres moyens, procuré l'avortement d'une femme enceinte, sera puni de vingt années de fers.

Art. XVIII.

Toutes les dispositions portées aux articles 1, 2, 3, 4, 5, 6 de la présente section, relatives à l'homicide involontaire, à l'homicide légal & à l'homicide légitime, s'appliqueront également aux blessures faites, soit involontairement, soit légalement, soit légitimement.

Art. XIX.

Les blessures qui n'auront pas été faites involontairement, mais qui ne porteront pas les caractères qui vont être spécifiés ci-après, seront poursuivies par action civile, & pourront donner lieu à des dommages & intérêts, & à des peines correctionnelles, sur lesquelles il sera statué d'après les dispositions du décret concernant la police correctionnelle.

Art. XX.

Les blessures qui n'auront pas été faites involontairement, & qui porteront les caractères qui vont être spécifiés, seront poursuivies par action criminelle, & punies des peines déterminées ci-après.

Art. XXI.

Lorsqu'il sera constaté par les attestations légales des gens de l'art, que la personne maltraitée est, par l'effet desdites blessures, rendue incapable de vaquer pendant plus de quarante jours à aucun travail corporel, le coupable desdites violences sera puni de deux années de détention.

Art. XXII.

Lorsque, par l'effet desdites blessures, la personne maltraitée aura eu un bras, une jambe ou une cuisse cassées, la peine sera de trois années de détention.

Art. XXIII.

Lorsque, par l'effet desdites blessures, la personne maltraitée aura perdu l'usage absolu, soit d'un œil, soit d'un membre, ou éprouvé la mutilation de quelque partie de la tête ou du corps, la peine ſera de quatre années de détention.

ART. XXIV.

La peine ſera de ſix années de fers, ſi la perſonne maltraitée s'eſt trouvée privée, par l'effet deſdites violences, de l'uſage abſolu de la vue, ou de l'uſage abſolu des deux bras ou des deux jambes.

ART. XXV.

La durée des peines portées aux quatre articles précédens, ſera augmentée de deux années, lorſque leſdites violences auront été commiſes dans une rixe, ou que celui qui les aura commiſes aura été l'aggreſſeur.

Dans le projet du code pénal joint au rapport, on lit : *& que celui*, &c.

ART. XXVI.

Toute mutilation commiſe dans la perſonne du père & de la mère, naturels ou légitimes, ou de tout autre aſcendant légitime des coupables, ſera puni de vingt années de fers.

ART. XXVII.

Lorſque les violences ſpécifiées aux articles 21, 22, 23, 24 & 26, auront été commiſes avec préméditation & de guet-à-pens, le coupable ſera puni de mort.

ART. XXVIII.

Le crime de la caſtration ſera puni de mort.

ART. XXIX.

Le viol ſera puni de ſix années de fers.

ART. XXX.

La peine portée en l'article précédent, sera de douze années de fers, lorsqu'il aura été commis dans la personne d'une fille âgée de moins de quatorze ans accomplis, ou lorsque le coupable aura été aidé dans son crime par la violence ou les efforts d'un ou plusieurs complices.

ART. XXXI.

Quiconque sera convaincu d'avoir par violence, & à l'effet d'en abuser ou de la prostituer, enlevé une fille au-dessous de quatorze ans accomplis, hors de la maison des personnes sous la puissance desquelles est ladite fille, ou de la maison dans laquelle lesdites personnes la font élever ou l'ont placée, sera puni de la peine de douze années de fers.

ART. XXXII.

Quiconque sera convaincu d'avoir volontairement détruit la preuve de l'état civil d'une personne, sera puni de la peine de douze années de fers.

ART. XXXIII.

Toute personne engagée dans les liens du mariage, qui en contractera un second avant la dissolution du premier, sera puni de douze années de fers. En cas d'accusation de ce crime, l'exception de la bonne foi pourra être admise lorsqu'elle sera prouvée.

SECTION II.

Crimes & délits contre les propriétés.

ARTICLE PREMIER.

Tout vol commis à force ouverte & par violence envers les personnes, sera puni de dix années de fers.

ART. II.

Si le vol à force ouverte & par violence envers les personnes, est commis, soit dans un grand chemin, rue ou place publique, soit dans l'intérieur d'une maison, la peine sera de quatorze années de fers.

ART. III.

Le crime mentionné en l'article précédent sera puni de dix-huit années de fers, si le coupable s'est introduit dans l'intérieur de la maison ou du logement où il a commis le crime, à l'aide d'effraction faite par lui-même ou par ses complices, aux portes & clôtures, soit de ladite maison, soit dudit logement, ou à l'aide de fausses clefs, ou en escaladant les murailles, toits ou autres clôtures extérieures de ladite maison; ou si le coupable est habitant ou commensal de ladite maison, ou reçu habituellement dans ladite maison, pour y faire un travail ou un service salarié, ou s'il y étoit admis à titre d'hospitalité.

ART. IV.

La durée de la peine des crimes mentionnés aux trois articles précédens, sera augmentée de quatre années par chacune des circonstances suivantes qui s'y trouvera réunie.

La première, si le crime a été commis la nuit.

La seconde, s'il a été commis par deux ou par plusieurs personnes.

La troisième, si le coupable ou les coupables dudit crime étoient porteurs d'armes à feu ou de toute autre arme meurtrière.

Art. V.

Toutefois la durée des peines des crimes mentionnés aux quatre articles précédens, ne pourra excéder vingt-quatre ans, en quelque nombre que les circonstances aggravantes s'y trouvent réunies.

Art. VI.

Tout autre vol commis sans violence envers des personnes, à l'aide d'effraction faite, soit par le voleur, soit par son complice, sera puni de huit années de fers.

Art. VII.

La durée de la peine dudit crime sera augmentée de deux années par chacune des circonstances suivantes qui s'y trouveront réunies.

La première, si l'effraction est faite aux portes & clôtures extérieures des bâtimens, maisons & édifices.

La seconde, si le crime est commis dans une maison actuellement habitée, ou servant à habitation.

La troisième, si le crime a été commis la nuit.

La quatrième, s'il a été commis par deux ou par plusieurs personnes.

La cinquième, si le coupable ou les coupables étoient porteurs d'armes à feu, ou de toute autre arme meurtrière.

Art. VIII.

Lorsqu'un vol aura été commis avec effraction intérieure dans une maison, par une personne habitante, ou commensale de ladite maison, ou reçue habituellement dans ladite maison pour y faire un service ou un travail salarié, ou qui y soit admise à titre d'hospitalité, ladite effraction sera punie comme effraction extérieure; & le coupable encourra la peine portée aux articles précédens, à raison de la circonstance de l'effraction extérieure.

Art. IX.

Le vol, commis à l'aide de fausses clefs, sera puni de la peine de huit années de fers.

Art. X.

La durée de la peine mentionnée en l'article précédent, sera augmentée de deux années par chacune des circonstances suivantes qui se trouvera réunie audit crime.

La première, si le crime a été commis dans une maison actuellement habitée ou servant à habitation.

La seconde, s'il a été commis la nuit.

La troisième, s'il a été commis par deux ou par plusieurs personnes.

La quatrième, si le coupable ou les coupables étoient porteurs d'armes à feu, ou de toute autre arme meurtrière.

La cinquième, si le coupable a fabriqué lui-même ou travaillé les fausses clefs dont il aura fait usage pour consommer son crime.

La sixième, si ce crime a été commis par l'ouvrier qui a fabriqué les serrures ouvertes à l'aide de fausses clefs, ou par le serrurier qui est actuellement, ou qui a été précédemment employé au service de ladite maison.

Art. XI.

Tout vol commis en escaladant des toits, murailles ou

toutes autres clôtures extérieures de bâtimens, maisons & édifices, sera puni de la peine de huit années de fers.

Art. XII.

La durée de la peine mentionnée en l'article précédent, sera augmentée de deux années par chacune des circonstances suivantes qui se trouvera réunie audit crime.

La première, si le crime a été commis dans une maison actuellement habitée ou servant à habitation.

La seconde, s'il a été commis dans la nuit.

La troisième, s'il a été commis par deux ou par plusieurs personnes.

La quatrième, si le coupable ou les coupables étoient porteurs d'armes à feu, ou de toute autre arme meurtrière.

Art. XIII.

Lorsqu'un vol aura été commis dans l'intérieur d'une maison par une personne habitante ou commensale de ladite maison, ou reçue habituellement dans ladite maison pour y faire un service ou travail salarié, ou qui y soit admise à titre d'hospitalité, la peine sera de huit années de fers.

Art. XIV.

La durée de la peine mentionnée en l'article précédent, sera augmentée de deux années par chacune des circonstances suivantes qui se trouvera réunie audit crime.

La première, s'il a été commis la nuit.

La seconde, s'il a été commis par deux ou par plusieurs personnes.

La troisième, si le coupable ou les coupables étoient porteurs d'armes à feu ou de toutes autres armes meurtrières.

Art. XV.

La disposition portée en l'article 13. ci-dessus, contre les

les vols faits par les habitans & commenſaux d'une maiſon, s'appliquera également aux vols qui ſeront commis dans les hôtels garnis, auberges, cabarets, maiſons de traiteurs, logeurs, cafés & bains publics. Tout vol qui y ſera commis par les maîtres deſdites maiſons ou par leurs domeſtiques, envers ceux qu'ils y reçoivent, ou par ceux-ci envers les maîtres deſdites maiſons, ou toute autre perſonne qui y eſt reçue, ſera puni de huit années de fers.

Toutefois ne ſont pas compriſes dans la précédente diſpoſition, les ſalles de ſpectacles, boutiques, édifices publics. Les vols commis dans leſdits lieux, ſeront punis de quatre années de fers.

Art. XVI.

Lorſque deux ou pluſieurs perſonnes non armées, ou une ſeule perſonne portant armes à feu, ou toute autre arme meurtrière, ſe ſeront introduites ſans violences perſonnelles, effractions, eſcalades, ni fauſſes clefs dans l'intérieur d'une maiſon actuellement habitée ou ſervant à habitation, & y auront commis un vol, la peine ſera de ſix années de fers.

Art. XVII.

Lorſque le crime aura été commis par deux ou par pluſieurs perſonnes, ſi les coupables ou l'un des coupables étoient porteurs d'armes à feu ou de toute autre arme meurtrière, la peine ſera de huit années de fers.

Art. XVIII.

Si le crime a été commis la nuit, la durée de chacune des peines portées aux deux précédens articles ſera augmentée de deux années.

Art. XIX.

Quiconque se sera chargé d'un service ou d'un travail salarié, & aura volé les effets ou marchandises qui lui auront été confiés pour ledit service ou ledit travail, sera puni de quatre années de fers.

Art. XX.

La peine sera de quatre années de fers pour le vol d'effets confiés aux coches, messageries & autres voitures publiques par terre ou par eau, commis par les conducteurs desdites voitures ou par les personnes employées au service des bureaux desdites administrations.

Art. XXI.

Tout vol commis dans lesdites voitures par les personnes qui y occupent une place, sera puni de la peine de quatre années de détention.

Art. XXII.

Tout vol qui ne portera aucun des caractères ci-dessus spécifiés, mais qui sera commis par deux ou plusieurs personnes sans armes, ou par une seule personne portant armes à feu, ou toute autre arme meurtrière, sera puni de la peine de quatre années de détention.

Art. XXIII.

Lorsque le crime aura été commis par deux ou par plusieurs personnes, & que les coupables ou l'un des coupables étoient porteurs d'armes à feu, ou de toute autre arme meurtrière, la peine sera de quatre années de fers.

Art. XXIV.

Si le crime mentionné aux deux précédens articles a été commis la nuit, la durée de chacune des peines portées auxdits articles, sera augmentée de deux années.

Art. XXV.

Tout vol commis dans un terrein clos & fermé, si ledit terrein tient immédiatement à une maison habitée, sera puni de la peine de quatre années de fers.

La durée de la peine portée au présent article, sera augmentée de deux années par chacune des circonstances suivantes, dont ledit crime aura été accompagné.

La première, s'il a été commis la nuit.

La seconde, s'il a été commis par deux ou trois personnes réunies.

La troisième, si le coupable ou les coupables étoient porteurs d'armes à feu ou de toute autre arme meurtrière.

Art. XXVI.

Tout vol commis dans un terrein clos & fermé, si ledit terrein ne tient pas immédiatement à une maison habitée, sera puni de quatre années de détention. La peine sera de six années de détention, si le crime a été commis la nuit.

Art. XXVII.

Tout vol de charrues, instrumens aratoires, chevaux & autres bêtes de somme, bétail, ruches d'abeilles, marchandises, ou effets exposés sur la foi publique, soit dans les campagnes, soit sur les chemins, ventes de bois, foires, marchés & autres lieux publics, sera puni de quatre années de détention. La peine sera de six années de détention, lorsque le crime aura été commis la nuit.

Art. XXVIII.

Tout vol qui n'est pas accompagné de quelqu'une des circonstances spécifiées dans les articles précédens, sera poursuivi & puni par voie de police correctionnelle.

Art. XXIX.

Quiconque sera convaincu d'avoir détourné à son profit, ou dissipé, ou méchamment & à dessein de nuire à autrui, brûlé ou détruit d'une maniere quelconque, des effets, marchandises, deniers, titres de propriété, ou autres emportant obligation ou décharge, & toute autre propriété mobiliaire qui lui avoient été confiés gratuitement, à la charge de les rendre, ou de les représenter, sera puni de la peine de la dégradation civique.

Art. XXX.

Toute banqueroute faite frauduleusement & à dessein de tromper les créanciers légitimes, sera puni de la peine de six années de fers.

Art. XXXI.

Ceux qui auront aidé ou favorisé lesdites banqueroutes frauduleuses, soit en divertissant les effets, soit en acceptant des transports, ventes ou donations simulées, soit en souscrivant tous autres actes qu'ils savent être faits en fraude des créanciers légitimes, seront punis de la peine portée en l'article précédent.

Art. XXXII.

Quiconque sera convaincu d'avoir par malice ou vengeance, & à dessein de nuire à autrui, mis le feu à des maisons, bâtimens, édifices, bateaux, magasins, chantiers, forêts, bois taillis, récoltes en meule ou sur pied, ou à des matières combustibles disposées pour communiquer le feu auxdites maisons, bâtimens, édifices, navires, bateaux, magasins, chantiers, forêts, bois taillis, récoltes en meule ou sur pied, sera puni de mort.

Art. XXXIII.

Quiconque sera convaincu d'avoir détruit par l'effet d'une mine, ou disposé une mine pour détruire des bâtimens, maisons, édifices, navires ou vaisseaux, sera puni de mort.

Art. XXXIV.

Quiconque sera convaincu d'avoir verbalement ou par écrits anonymes ou signés, menacé d'incendier la propriété d'autrui, quoique lesdites menaces n'ayent pas été réalisées, sera puni de quatre années de fers.

Art. XXXV.

Quiconque sera convaincu d'avoir volontairement, par malice ou vengeance, & à dessein de nuire à autrui, detruit ou renversé par quelque moyen violent que ce soit, des bâtimens, maisons, édifices quelconques, digues & chaussées qui retiennent des eaux, sera puni de la peine de six années de fers; & si lesdites violences sont exercées par une ou plusieurs personnes réunies, la peine sera de neuf années de fers: sans préjudice de la peine prononcée contre l'assassinat, si quelque personne perd la vie par l'effet dudit crime.

Art. XXXVI.

Quiconque sera convaincu d'avoir, par malice ou vengeance, & à dessein de nuire à autrui, empoisonné des chevaux & autres bêtes de charge, moutons, porcs, bestiaux & poissons dans des étangs, viviers ou réservoirs, sera puni de six années de fers.

ART. XXXVII.

Quiconque volontairement, par malice ou vengeance, & à dessein de nuire à autrui, aura brûlé ou détruit d'une manière quelconque, des titres de propriété, billets, lettres-de-change, quittances, écrits ou actes opérant obligation ou décharge qui auroient été enlevés par adresse ou violence, sera puni de la peine de quatre années de fers.

ART. XXXVIII.

Lorsque ledit crime aura été commis par deux ou par plusieurs personnes réunies, la peine sera de six années de fers.

ART. XXXIX.

Toute espèce de pillage & dégât de marchandises, d'effets & de propriétés mobiliaires, commis avec attroupemens & à force ouverte, sera punie de la peine de six années de fers.

ART. XL.

Quiconque sera convaincu d'avoir extorqué par force ou par violence, la signature d'un écrit, d'un acte emportant obligation ou décharge, sera puni comme voleur à force ouverte & par violence envers les personnes, & encourra les peines portées aux cinq premiers articles de la présente section, suivant les circonstances qui auront accompagné lesdits crimes.

ART. XLI.

Quiconque sera convaincu d'avoir méchamment & à

deſſein de nuire à autrui, commis le crime de faux, ſera puni ainſi qu'il ſuit :

Art. XLII.

Si ledit crime de faux eſt commis en écriture privée, la peine ſera de quatre années de fers.

Art. XLIII.

Si ledit crime de faux eſt commis en lettres-de-change ou autres effets de commerce ou de banque, la peine ſera de ſix années de fers.

Art. XLIV.

Si ledit crime de faux eſt commis en écritures authentiques & publiques, la peine ſera de huit années de fers.

Art. XLV.

Quiconque aura commis ledit crime de faux ou aura fait uſage d'une pièce qu'il ſavoit être fauſſe, ſera puni des peines portées ci-deſſus contre chaque eſpèce de faux.

Art. XLVI.

Quiconque ſera convaincu d'avoir ſciemment & à deſſein, vendu à faux poids ou à fauſſe meſure, après avoir été précédemment puni deux fois par voie de police, à raiſon d'un delit ſemblable, ſubira la peine de quatre années de fers.

Art. XLVII.

Quiconque ſera convaincu de crime de faux témoignage

en matière civile, sera puni de la peine de six années de gêne.

ART. XLVIII.

Quiconque sera convaincu du crime de faux témoignage dans un procès criminel, sera puni de la peine de vingt années de fers; & de la peine de mort, s'il est intervenu condamnation à mort contre l'accusé dans le procès duquel aura été entendu le faux témoin.

TITRE III.

Des complices des crimes.

ARTICLE PREMIER.

Lorsqu'un crime aura été commis, quiconque sera convaincu d'avoir, par dons, promesses, ordres ou menaces, provoqué le coupable ou les coupables à le commettre; ou d'avoir, sciemment & dans le dessein du crime, procuré au coupable ou aux coupables les moyens, armes ou instrumens qui ont servi à son exécution;

Ou d'avoir, sciemment & dans le dessein du crime, aidé & assisté le coupable ou les coupables, soit dans les faits qui ont préparé ou facilité son exécution, soit dans l'acte même qui l'a consommé, sera puni de la même peine prononcée par la loi contre les auteurs dudit crime.

ART. II.

Lorsqu'un crime aura été commis, quiconque sera convaincu d'avoir provoqué directement à le commettre, soit par des discours prononcés dans les lieux publics, soit par des placards ou bulletins affichés ou répandus dans lesdits lieux, soit par des écrits rendus publics par la voie de l'impression, sera puni de la même peine prononcée par la loi contre les auteurs du crime.

Art. III.

Lorſqu'un vol aura été commis avec une des circonſtances ſpécifiées au préſent article, quiconque ſera convaincu d'avoir reçu gratuitement, ou acheté, ou recélé tout ou partie des effets volés, & ſachant que leſdits effets provenoient d'un vol, ſera réputé complice & puni de la peine prononcée par la loi contre les auteurs dudit crime.

Dans le projet du code pénal joint au rapport, on lit : *ſpécifiées au préſent code.*

Art. IV.

Quiconque ſera convaincu d'avoir caché & recélé le cadavre d'une perſonne homicidée, encore qu'il n'aït pas été complice de l'homicide, ſera puni de la peine de quatre années de détention.

Pour tout fait antérieur à la publication du préſent code, ſi le fait eſt qualifié crime par les lois actuellement exiſtantes, & qu'il ne le ſoit pas par le préſent décret ; ou ſi le fait eſt qualifié crime par le préſent code, & qu'il ne le ſoit pas par les lois anciennes, l'accuſé ſera acquitté, ſauf à être correctionnellement puni, s'il y écheoit.

Voyez le code criminel, titre VIII, article 32.

Si le fait eſt qualifié crime par les lois anciennes & par le préſent décret, l'accuſé qui aura été déclaré coupable, ſera condamné aux peines portées par le préſent code.

Les diſpoſitions du préſent code n'auront lieu que pour les crimes qui auront été pourſuivis par voie de jurés.

DÉCRET du 20 mars 1792,

Sanctionné le 25 du même mois,

Relatif à la peine de mort, & au mode d'exécution qui sera suivi à l'avenir.

L'Assemblée nationale, considérant que l'incertitude sur le mode d'exécution de l'article 3 du titre premier du code pénal, suspend la punition de plusieurs criminels qui sont condamnés à mort; qu'il est très-instant de faire cesser des inconvéniens qui pourroient avoir des suites fâcheuses; que l'humanité exige que la peine de mort soit la moins douloureuse possible dans son exécution, décrète qu'il y a urgence.

L'Assemblée nationale, après avoir décrété l'urgence, décrète que l'article 3 du titre premier du code pénal, sera exécuté suivant la manière indiquée & le mode adopté par la consultation signée du secrétaire perpétuel de l'académie de chirurgie, laquelle demeure annexée au présent décret: en conséquence autorise le pouvoir exécutif à faire les dépenses nécessaires pour parvenir à ce mode d'exécution, de manière qu'il soit uniforme dans tout le royaume.

Avis motivé sur le mode de la décollation.

Le comité de législation m'a fait l'honneur de me consulter sur deux lettres écrites à l'Assemblée nationale, concernant l'exécution de l'article 3 du titre premier du code pénal, qui porte que *tout condamné* à la peine de mort *aura la tête tranchée*. Par ces lettres, M. le ministre de la justice & le directoire du département de Paris, d'après les représentations qui leur ont été faites, jugent qu'il est de nécessité instante de déterminer avec précision la manière de procéder à l'exécution de la loi, dans la crainte que, si par la défectuosité du moyen, ou faute d'expérience & par mal-adresse, le supplice devenoit horrible pour le patient & pour les spectateurs, le peuple, par humanité, n'eût occasion d'être injuste & cruel envers l'exécuteur; ce qu'il est important de prévenir.

J'estime que les représentations sont justes, & les craintes bien fondées. L'expérience & la raison démontrent également que le mode en usage par le passé, pour trancher la tête à un criminel, l'expose à un supplice plus affreux que la simple privation de la vie, qui est le vœu formel de la loi : pour le remplir, il faut que l'exécution soit faite en un instant & d'un seul coup; les exemples prouvent combien il est difficile d'y parvenir.

On doit rappeler ici ce qui a été observé à la décapitation de M. de Lally : il étoit à genoux, les yeux bandés; l'exécuteur l'a frappé à la nuque; le coup n'a point séparé la tête, & ne pouvoit le faire. Le corps, à la chute duquel rien ne s'opposoit, a été renversé en devant; & c'est par trois ou quatre coups de sabre que la tête a été enfin séparée du tronc : on a vu avec horreur cette *hacherie*, s'il est permis de créer ce terme.

En Allemagne, les exécuteurs sont plus expérimentés par la fréquence de ces sortes d'expéditions, principalement parce que les personnes du sexe féminin, de quelque condition qu'elles soient, ne subissent point d'autre supplice; cependant la parfaite exécution manque souvent, malgré la précaution, en certains lieux, de fixer le patient assis dans un fauteuil.

En Danemarck, il y a deux positions & deux instrumens pour décapiter. L'exécution qu'on pourroit nommer *honorifique*, se fait avec un sabre; le criminel, à genoux, a un bandeau sur les yeux, & ses mains sont libres. Si le supplice doit être infamant, le patient, lié, est couché sur le ventre, & on lui coupe la tête avec une hache.

Personne n'ignore que les instrumens tranchans n'ont que peu ou point d'effet lorsqu'ils frappent perpendiculairement. En les examinant au microscope, on voit qu'ils ne sont que des scies plus ou moins fines, qu'il faut faire agir en glissant sur le corps à diviser. On ne réuſſiroit pas à décapiter d'un ſeul coup avec une hache ou couperet dont le tranchant ſeroit en ligne droite; mais avec un tranchant convexe, comme aux anciennes haches d'armes, le coup aſſéné n'agit perpendiculairement qu'au milieu de la portion du cercle; mais l'inſtrument, en pénétrant dans la continuité des parties qu'il diviſe, a, ſur les côtés, une action oblique en gliſſant, & atteint ſûrement au but.

En conſidérant la ſtructure du cou, dont la colonne vertébrale eſt le centre, compoſée de pluſieurs os dont la connexion forme des enchevauchures, de manière qu'il n'y a pas de joint à chercher, il n'eſt pas poſſible d'être aſſuré d'une prompte & parfaite ſéparation en la confiant à un agent ſuſceptible de varier en adreſſe par des cauſes morales & phyſiques; il faut néceſſairement, pour la certitude du procédé, qu'il dépende de moyens mécaniques invariables, dont on puiſſe également déterminer la force & l'effet. C'eſt le parti qu'on a pris en Angleterre. Le corps du criminel eſt couché ſur le ventre entre deux poteaux barrés par le haut par une traverſe, d'où l'on fait tomber ſur le cou la hache convexe, au moyen d'une déclique. Le dos de l'inſtrument doit être aſſez fort & aſſez lourd pour agir efficacement, comme le mouton qui ſert à enfoncer des pilotis: on ſait que ſa force augmente en raiſon de la hauteur d'où il tombe.

Il eſt aiſé de faire conſtruire une pareille machine, dont l'effet eſt immanquable. La décapitation ſera faite en un inſtant, ſuivant l'eſprit & le vœu de la nouvelle loi; il ſera facile d'en faire l'épreuve ſur des cadavres, & même ſur un mouton vivant. On verra s'il ne ſeroit pas néceſſaire de fixer la tête du patient, par un croiſſant qui embraſſeroit le cou au niveau de la baſe du crâne: les cornes ou prolongemens de ce croiſſant pourroient être arrêtés par des clavettes ſous l'échafaud. Cet appareil, s'il paroît néceſſaire, ne feroit aucune ſenſation, & ſeroit à peine apperçu.

Conſulté à Paris, le 7 mars 1792. Signé, LOUIS, *ſecrétaire perpétuel de l'académie de chirurgie.*

CODE JUDICIAIRE,

CINQUIÈME PARTIE:

OU

CODE DE LA POLICE,

CONTENANT les Décrets relatifs à la Police, au maintien du bon ordre & à la tranquillité publique.

DÉCRET du 5 août 1789.

Pour l'établissement de la tranquillité, & notamment la libre circulation des subsistances.

L'ASSEMBLÉE NATIONALE, constamment occupée de procurer à la France un bonheur général qui ne peut être assuré que par une sage constitution, apprend à chaque instant, avec une nouvelle douleur, les violences & voies de fait dont on use en différens lieux contre les propriétés & les personnes de divers citoyens, & particulièrement contre des convois de grains & farines, destinés à l'approvisionnement de différentes villes du royaume.

Elle déclare, en conséquence, qu'il est du devoir des municipalités & milices bourgeoises, de s'opposer à de telles entreprises. Elle invite en même-temps le gouvernement à prêter à l'autorité municipale l'assistance de la force militaire dans les cas de nécessité, & lorsqu'il en aura été requis, pour rétablir la sécurité des citoyens, la liberté du commerce & le bon ordre universel.

Voyez le décret qui suit immédiatement. A l'égard de ce qui regarde en particulier la libre circulation des grains, voyez plusieurs décrets recueillis au code rural.

DÉCRET du 10 août 1789,

Promulgué le 14 du même mois,

Pour le rétablissement de la tranquillité publique.

L'Assemblée nationale, considérant que les ennemis de la nation ayant perdu l'espoir d'empêcher par la violence du despotisme la régénération publique & l'établissement de la liberté, paroissent avoir conçu le projet criminel de ramener au même but par la voie du désordre & de l'anarchie; qu'entre autres moyens ils ont, à la même époque, & presque le même jour, fait semer de fausses alarmes dans les différentes provinces du royaume; & qu'en annonçant des incursions & des brigandages qui n'existoient pas, ils ont donné lieu à des excès & des crimes qui attaquent également les biens & les personnes, & qui, troublant l'ordre universel de la société, méritent les peines les plus sévères ; que ces hommes ont porté l'audace jusqu'à répandre de faux ordres, & même de faux édits du roi, qui ont armé une portion de la nation contre l'autre, dans le moment même où l'Assemblée nationale portoit les décrets les plus favorables à l'intérêt du peuple ;

Considérant que, dans l'effervescence générale, les propriétés les plus sacrées, & les moissons mêmes, seul espoir du peuple dans ces temps de disette, n'ont pas été respectées ;

Considérant enfin que l'union de toutes les forces, l'influence de tous les pouvoirs, l'action de tous les moyens, & le zèle de tous les bons citoyens, doivent concourir à réprimer de pareils désordres ;

Arrête & décrète,

1°. Que toutes les municipalités du royaume, tant dans les villes que dans les campagnes, veilleront au maintien de la tranquillité publique ; & que, sur leur simple réquisition, les milices nationales, ainsi que les maréchaussées, seront assistées des troupes, à l'effet de poursuivre & d'arrêter les perturbateurs du repos public, de quelque état qu'ils puissent être ;

2°. Que les personnes arrêtées seront remises aux tribunaux de justice & interrogées incontinent, & le procès leur sera fait ; mais qu'il sera sursis au jugement & à l'exécution à l'égard de ceux qui seront prévenus d'être les auteurs des fausses alarmes, & les instigateurs des pillages & violences soit sur les biens, soit sur les personnes ; & que cependant copies des informations, des interrogatoires & autres procédures seront successivement adressées à l'Assemblée nationale, afin que, sur l'examen & la comparaison des preuves rassemblées des différens lieux du royaume, elle puisse remonter à la source des désordres, & pourvoir à ce que les chefs de ces complots soient soumis à des peines exemplaires qui répriment efficacement de pareils attentats ;

3°. Que tout attroupemens séditieux, soit dans les villes, soit dans les campagnes, même sous prétexte de chasse, seront incontinent dissipés par les milices nationales, les maréchaussées & les troupes, sur la simple réquisition des municipalités;

Voyez ci-après le décret du 21 octobre 1789, qui suit immédiatement; celui du 18 juillet 1791; & celui des 26 & 27 du même mois.

4°. Que dans les villes & municipalités des campagnes, ainsi que dans chaque district des grandes villes, il sera dressé un rôle des hommes sans aveu, sans métier ni profession & sans domicile constant, lesquels seront désarmés, & que les milices nationales, les maréchaussées & les troupes veilleront particulièrement sur leur conduite;

Voyez le décret des 26 & 27 juillet 1791.

5°. Que toutes les milices nationales prêteront serment entre les mains de leur commandant, de bien & fidèlement servir pour le maintien de la paix, pour la défense des citoyens, & contre les perturbateurs du repos public; & que toutes les troupes; savoir, les officiers de tout grade & soldats, prêteront serment à la nation & au roi, chef de la nation, avec la solemnité la plus auguste;

6°. Que les soldats jureront, en présence du régiment entier sous les armes, de ne jamais abandonner leurs drapeaux; d'être fidèles à la nation, au roi & à la loi, & de se conformer aux règles de la discipline militaire;

7°. Que les officiers jureront, à la tête de leurs troupes, en présence des officiers municipaux, de rester fidèles à la nation, au roi & à la loi, & de ne jamais employer ceux qui seront sous leurs ordres, contre les citoyens, si ce n'est sur la réquisition des officiers civils ou municipaux, laquelle réquisition sera toujours lue aux troupes assemblées;

8°. Que

8°. Que les curés des villes & des campagnes feront lecture du présent arrêté à leurs paroissiens réunis dans l'église, & qu'ils emploieront, avec tout le zèle dont ils ont constamment donné des preuves, l'influence de leur ministère, pour rétablir la paix & la tranquillité publique, & pour ramener tous les citoyens à l'ordre & à l'obéissance qu'ils doivent aux autorités légitimes.

Sa majesté sera suppliée de donner les ordres nécessaires pour la pleine & entière exécution de ce décret, lequel sera adressé à toutes les villes, municipalités & paroisses du royaume, ainsi qu'à tous les tribunaux, pour y être lu, publié, affiché & inscrit dans les registres.

Voyez le décret du 23 février 1790.

DÉCRET du 21 octobre 1789,

Sanctionné le même jour,

Contre les attroupemens.

(OU LOI MARTIALE.)

L'Assemblée nationale considérant que la liberté affermit les empires, mais que la licence les détruit; que loin d'être le droit de tout faire, la liberté n'existe que par l'obéissance aux lois; que si, dans les temps calmes, cette obéissance est suffisamment assurée par l'autorité publique ordinaire, il peut survenir des époques difficiles où les peuples, agités par des causes souvent criminelles, deviennent l'instrument d'intrigues qu'ils ignorent; que ces temps de crise nécessitent momentanément des moyens extraordinaires pour maintenir la tranquillité publique & conſerver les droits de tous, a décrété la préſente loi martiale.

ARTICLE PREMIER.

Dans le cas où la tranquillité publique ſera en péril, les officiers municipaux des lieux ſeront tenus, en vertu du pouvoir qu'ils ont reçu de la commune, de déclarer que la force militaire doit être déployée à l'inſtant pour rétablir l'ordre public, à peine d'en répondre perſonnellement.

ART. II.

Cette déclaration ſe fera en expoſant à la principale fenêtre de la maiſon-de-ville, & en portant dans toutes les rues & carrefours, un drapeau rouge; & en même-temps les officiers municipaux requerront les chefs des gardes nationales, des troupes réglées & des maréchauſſées, de prêter main-forte.

ART. III.

Au ſignal ſeul du drapeau, tous attroupemens avec ou ſans armes deviendront criminels, & devront être diſſipés par la force.

ART. IV.

Les gardes nationales, troupes réglées & maréchauſſées requiſes par les officiers municipaux, ſeront tenues de marcher ſur-le-champ, commandées par leurs officiers, précédées d'un drapeau rouge, & accompagnées d'un officier municipal au moins.

ART. V.

Il ſera demandé par un des officiers municipaux aux

personnes attroupées, quelle est la cause de leur réunion & le grief dont elles demandent le redressement ; elles seront autorisées à nommer six d'entre elles pour exposer leur réclamation & présenter leur pétition, & tenues de se séparer sur-le-champ & de se retirer paisiblement.

Art. VI.

Faute par les personnes attroupées de se retirer en ce moment, il leur sera fait, à haute voix, par les officiers municipaux, ou l'un d'eux, trois sommations de se retirer tranquillement dans leurs domiciles. La première sommation sera exprimée en ces termes : *Avis est donné que la loi martiale est proclamée, que tous attroupemens sont criminels ; on va faire feu ; que les bons citoyens se retirent.* A la deuxième & troisième sommation, il suffira de répéter ces mots : *On va faire feu : que les bons citoyens se retirent.* L'officier municipal annoncera à chaque sommation, que c'est la première, la seconde ou la dernière.

Art. VII.

Dans le cas où, soit avant, soit pendant le prononcé des sommations, l'attroupement commettroit quelques violences ; & pareillement, dans le cas où, après les sommations faites, les personnes ne se retireroient pas paisiblement, la force des armes sera à l'instant déployée contre les séditieux, sans que personne soit responsable des évènemens qui pourront en résulter.

Voyez le décret du 18 juillet 1791, article 2.

Art. VIII.

Dans le cas où le peuple attroupé n'ayant fait aucune violence, se retireroit paisiblement, soit avant, soit immédiatement après la dernière sommation, les moteurs & instigateurs de la sédition, s'ils sont connus, pourront seuls être poursuivis extraordinairement, & condamnés; savoir, à une prison de trois ans si l'attroupement n'étoit pas armé, & à la peine de mort si l'attroupement étoit en armes. Il ne sera fait aucune poursuite contre les autres.

ART. IX.

Dans le cas où le peuple attroupé feroit quelques violences, & ne se retireroit pas après la dernière sommation, ceux qui échapperont aux coups de la force militaire, & qui pourront être arrêtés, seront punis d'un emprisonnement d'un an s'ils étoient sans armes, de trois ans s'ils étoient armés, & de la peine de mort s'ils étoient convaincus d'avoir commis des violences. Dans le cas du présent article, les moteurs & instigateurs de la sédition seront de même condamnés à mort.

ART. X.

Tous chefs, officiers & soldats de la garde nationale, des troupes & des maréchaussées, qui exciteront ou fomenteront des attroupemens, émeutes & séditions, seront déclarés rebelles à la nation, au roi & à la loi, & punis de mort; & ceux qui refuseront le service à la réquisition des officiers municipaux, seront dégradés & punis de trois ans de prison.

ART. XI.

Il sera dressé, par les officiers municipaux, procès-verbal, qui contiendra le récit des faits.

ART. XII.

Lorsque le calme sera rétabli, les officiers municipaux

rendront un décret qui fera cesser la loi *martiale*, & le drapeau rouge sera retiré & remplacé, pendant huit jours, par un drapeau blanc.

Voyez un article additionnel à cette loi, à la suite du décret des 26 & 27 juillet 1791; & ce décret même, qui est rapporté ci-après.

DÉCRET provisoire du 5 novembre 1789,

Sanctionné le 6.

L'Assemblée nationale, vu le projet de règlement qui lui a été présenté par les maire, lieutenant-de-maire, conseillers-assesseurs & administrateurs de la ville de Paris, & les observations faites par le comité de constitution, considérant que la nature des circonstances exige impérieusement que l'action de la police soit rétablie, & qu'il est important de donner dès-à présent un moyen provisoire d'activité à cette partie essentielle de l'ordre public, en attendant qu'elle puisse recevoir une organisation régulière, a décrété & décrète ce qui suit :

ARTICLE PREMIER.

Chaque comité de district (1) remplira provisoirement dans son arrondissement, sous l'autorité du corps municipal, les fonctions de police ci-après désignées.

ART. II.

Les comités des districts veilleront, chacun dans son

---

(1) Les districts étoient ce que l'on appelle aujourd'hui les sections; ils étoient au nombre de soixante.

arrondissement, aux objets de police journalière, conformément aux ordres & instructions qui seront donnés par la municipalité.

ART. III.

Il y aura nuit & jour au comité, au moins un des membres, qui sera spécialement chargé d'entendre & interroger les gens arrêtés pour fait de police, avec pouvoir de les faire relaxer après une simple réprimande, ou de les faire déposer dans les prisons de l'hôtel de la Force. Le secrétaire-greffier dont il va être parlé (1), enverra, tous les matins, les procès-verbaux qui auront été dressés, au maire, ou à son lieutenant ayant le département de la police.

ART. IV.

Un secrétaire-greffier assistera le commissaire de service, & il sera par lui tenu un registre de tout ce qui se fera de relatif à l'exercice de la police. Ledit registre sera paraphé par le président du comité du district.

ART. V.

Les particuliers arrêtés, prévenus de vols ou d'autres crimes, seront conduits sur-le-champ & directement par les patrouilles devant un commissaire au châtelet, avec les effets pouvant servir à charge & à décharge; & dans le cas où ces particuliers auroient été conduits d'abord aux comités des districts, ils seront renvoyés à l'instant devant un commissaire au châtelet, à l'effet de commencer la procédure suivant les formes judiciaires.

ART. VI.

Le commissaire au châtelet, qui aura interrogé les pré-

(1) Article suivant.

venus de vol ou autres crimes, enverra dans le jour une expédition de son procès-verbal au maire, ou au lieutenant-de-maire au département de la police.

Art. VII.

Le lieutenant-de-maire au département de la police, ou l'un de ses conseillers-administrateurs, visitera chaque jour les prisons de l'hôtel de la Force, interrogera les prisonniers arrêtés la veille, & envoyés dans cette prison par les comités de district. Seront à cette visite invités deux adjoints-notables, pris alternativement dans chaque district.

Voyez sur l'existence des adjoints-notables, le décret des 8 & 9 octobre 1789, au code criminel.

Art. VIII.

Le lieutenant-de-maire, ou le conseiller-administrateur qui le remplacera, pourra mettre les prisonniers en liberté, s'il y a lieu, ou, selon la nature des circonstances, les condamner, soit à garder prison pendant trois jours au plus, soit à une amende qui ne pourra excéder la somme de cinquante livres; & dans le cas où ils mériteroient une plus longue détention ou une amende plus forte, il en sera référé au tribunal de police.

L'amende sera payable à l'instant où elle aura été prononcée, entre les mains du greffier des prisons, qui en comptera au trésor de la ville; & le produit de ces amendes sera employé à la propreté & à la salubrité des prisons. A défaut de paiement, le condamné gardera prison, à moins qu'il ne donne bonne & valable caution: le tout sauf l'appel au tribunal.

Art. IX.

Les prisonniers ci-devant arrêtés, & actuellement détenus dans les prisons de police, seront interrogés & jugés le plus promptement qu'il sera possible, en ayant égard au temps qui se sera écoulé depuis le jour de leur détention.

ART. X.

Il sera établi un tribunal de police, composé de huit notables-adjoints (1), élus dans la forme qui sera indiquée par le bureau de la ville. Il sera présidé par le maire, ou par son lieutenant au département de la police; & à leur défaut, par le plus âgé des conseillers-administrateurs du département. Les fonctions du ministère public y seront exercées par l'un des adjoints du procureur-syndic de la commune, & les causes jugées sommairement & sans frais.

ART. XI.

Le tribunal de police jugera en dernier ressort, jusqu'à concurrence de 100 livres d'amende ou d'un mois de prison.

ART. XII.

Le présent décret ne sera exécuté que provisoirement, & jusqu'à ce qu'il ait été statué par l'Assemblée nationale sur l'organisation définitive tant des municipalités que de l'ordre judiciaire.

Les décrets définitifs qui ont fait cesser l'exécution de celui-ci, sont du 21 mai 1790; 16 août 1790, titre XI; & 19 juillet 1791. Voyez le second au code judiciaire, première partie; les deux autres ci-après à leur date.

---

(1) Voyez le renvoi mis à l'article 7.

EXTRAIT du décret du 14 décembre 1789,

Accepté le 18 du même mois,

Portant constitution des municipalités.

ARTICLE L.

Les fonctions propres au pouvoir municipal, sous la surveillance & l'inspection des assemblées administratives, sont..... de faire jouir les habitans des avantages d'une bonne police, notamment de la propreté, de la salubrité & de la tranquillité dans les rues, lieux & édifices publics.

DÉCRET du 23 février 1790,

Sanctionné le 20 du même mois,

Sur la tranquillité publique.

L'Assemblée nationale a décrété ce qui suit:

ARTICLE PREMIER.

Nul ne pourra, sous peine d'être puni comme perturbateur du repos public, se prévaloir d'aucun acte prétendu émané du roi ou de l'Assemblée nationale, s'il n'est revêtu des formes prescrites par la constitution, & s'il n'a été publié par les officiers chargés de cette fonction.

ART. II.

Le roi sera supplié de donner des ordres pour faire parvenir inceſſamment à toutes les municipalités du royaume, le diſcours que ſa majeſté a prononcé dans l'Aſſemblée nationale le 4 de ce mois, l'adreſſe de l'Aſſemblée nationale aux Français (1), ainſi que tous les décrets à meſure qu'ils ſeront acceptés ou ſanctionnés, avec ordre aux officiers municipaux de faire publier & afficher les décrets ſans frais; & aux curés ou vicaires deſſervant les paroiſſes, d'en faire lecture au prône.

ART. III.

Les officiers municipaux emploieront tous les moyens que la confiance publique met à leur diſpoſition, pour la protection efficace des propriétés publiques, particulières, & des perſonnes; & pour prévenir & diſſiper tous les obſtacles qui ſeroient apportés à la perception des impôts; & ſi la ſûreté des perſonnes, des propriétés, & la perception des impôts étoient miſes en danger par des attroupemens ſéditieux, ils feront publier la loi martiale.

La loi martiale eſt le décret du 21 octobre 1789 : voyez-le ci-devant à ſa date, page 65.

ART. IV.

Toutes les municipalités ſe prêteront mutuellement main-forte, à leur réquiſition reſpective : quand elles s'y refuſeront, elles ſeront reſponſables des ſuites du refus.

ART. V.

Lorſqu'il aura été cauſé quelque dommage par un attroupement, la commune en répondra, ſi elle a été requiſe, &

(1) Voyez ces deux pièces aux procès-verbaux de l'Aſſemblée. Leur objet étoit de réunir les eſprits, & de les amener à la concorde.

si elle a pu l'empêcher, sauf le recours contre les auteurs de l'attroupement ; & la responsabilité sera jugée par les tribunaux des lieux, sur la réquisition du directoire du district.

Voyez sur le rétablissement de la tranquillité en général, les décrets du 10 août 1789 ; sur l'objet de ce dernier article en particulier, le décret des 26 & 27 juillet 1791, rapportés ci-après, article 4.

EXTRAIT du décret du 20 mars 1790,

Sanctionné le 20 avril suivant,

Concernant l'autorité des officiers municipaux & divers autres objets.

ARTICLE IX.

La police administrative & contentieuse sera, par provision, & jusqu'à l'organisation de l'ordre judiciaire, exercée par les officiers municipaux, à la charge de se conformer en tout aux règlemens actuels, tant qu'ils ne seront ni abrogés, ni changés.

Voyez au code judiciaire, partie I, le décret du 16 août 1790, titre XI, qui a réglé définitivement quels seroient les juges de police.

Sur l'appel des jugemens de ces officiers municipaux, voyez le décret qui suit immédiatement.

Voyez aussi ci-après, le décret du 3 mai 1790, qui les dispense de prêter un nouveau serment pour cet objet.

DÉCRET du 23 mars 1790,

Sanctionné le 20 avril suivant,

Sur l'appel des jugemens de police rendus par les municipalités.

L'appel des jugemens de police, rendus par les corps municipaux, aura lieu provisoirement, & jusqu'à l'organisation de l'ordre judiciaire, dans le cas où il est autorisé par les règlemens actuels; & provisoirement aussi, cet appel sera porté pardevant les bailliages & sénéchaussées royaux, ou autres siéges qui en tiennent lieu dans quelques provinces, pour y être jugé en dernier ressort, par trois juges au moins.

DÉCRET du 3 mai 1790,

Sanctionné le 5 du même mois,

Concernant le serment à prêter par les officiers municipaux pour l'exercice de la police.

L'Assemblée nationale décrète que les officiers municipaux n'ont, pour l'exercice de la police, d'autre serment à prêter que celui qu'ils ont fait, lors de leur installation, d'être fidèles à la nation, à la loi & au roi, & de remplir exactement les fonctions civiles & municipales qui leur sont confiées.

Voyez ci-devant l'extrait du décret du 20 mars 1790.

EXTRAIT du décret du 21 mai 1790,

Sanctionné le 27 juin suivant,

Concernant l'organisation de la municipalité de Paris.

Voyez ci-devant page 69 le décret provisoire qui avoit été prononcé le 5 novembre 1789.

TITRE IV.

ARTICLE III.

Il y aura dans chacune des quarante-huit sections, un commissaire de police toujours en activité, & dont les fonctions, relatives à la municipalité, seront déterminées par les articles suivans.

Un décret du 23 août 1790 ordonna de surseoir à l'élection des commissaires de police, qui n'étoit pas encore faite à cette époque; mais le sursis fut levé par un autre décret du 7 octobre suivant.

ART. IV.

Chacune des quarante-huit sections aura en outre seize commissaires, sous le nom de *commissaires de section*, qui exerceront dans leur arrondissement, sous l'autorité du corps municipal & du conseil-général de la commune, les fonctions suivantes.

ART. V.

Les seize commissaires de section seront chargés de surveiller & de seconder au besoin le commissaire de police.

ART. VI.

Ils seront tenus de veiller à l'exécution des ordonnances,

arrêtés ou délibérations, sans y apporter aucun obstacle ni retard. Le commissaire de police aura séance & voix consultative à leurs assemblées.

ART. VII.

Ils donneront aux administrateurs, au corps municipal & au conseil-général, ainsi qu'au maire, au procureur de la commune & à ses substituts, tous les éclaircissemens, instructions & avis qui leur seront demandés.

ART. VIII.

Ils nommeront entre eux un président, & se réuniront tous les huit jours, & en outre toutes les fois que des circonstances extraordinaires l'exigeront.

ART. IX.

L'un d'eux restera, à tour de rôle, vingt-quatre heures dans sa maison, afin que le commissaire de police & les citoyens de la section puissent recourir à lui en cas de besoin. Le commissaire de police sera de plus chargé de répondre aux demandes & représentations qui pourront être faites.

ART. X.

Les jeunes citoyens de la section, parvenus à l'âge de vingt-un ans, après s'être fait inscrire chez le commissaire de police, porteront leur certificat d'inscription chez le commissaire de section qui se trouvera de service, & qui leur indiquera l'époque de la prestation de leur serment.

ART. XI.

Les commissaires de section pourront être chargés par

l'administration du département de Paris, de la répartition des impôts dans leurs sections respectives.

ART. XII.

Les commissaires de police seront élus pour deux ans, & pourront être réélus autant de fois que leur section le jugera convenable : le premier remplacement, s'il a lieu, ne pourra se faire qu'à la Saint-Martin 1792. Le conseil-général de la commune fixera la somme de leur traitement.

ART. XIII.

Chaque commissaire de police aura sous ses ordres un commissaire-greffier de police, dont le conseil général de la commune fixera aussi le traitement.

ART. XIV.

Les personnes domiciliées, arrêtées en flagrant-délit dans l'arrondissement d'une section, seront conduites chez le commissaire de police. Celui-ci pourra, avec la signature de l'un des commissaires de section, envoyer dans une maison d'arrêt les personnes ainsi arrêtées, lesquelles seront entendues dans les vingt-quatre heures, conformément à ce qui sera réglé par la suite.

Voyez le décret du 21 septembre 1791, qui, dans l'article 4, abroge cet article & le suivant.

ART. XV.

Les personnes non domiciliées, arrêtées dans l'arrondissement d'une section, seront conduites chez le commissaire de police. Si elles sont prévenues d'un désordre grave ou d'un délit, celui-ci pourra les envoyer dans une maison d'arrêt, où elles seront interrogées dans les vingt-quatre heures, & remises en liberté, ou, selon la gravité des circonstances, livrées à la justice ordinaire, ou condamnées par le tribunal de police qui sera établi.

Voyez le décret du 21 septembre 1791, qui, dans l'article 4, abroge cette disposition.

Art. XVI.

Le commissaire de police, en cas de vols ou d'autres crimes, gardera pardevers lui les effets volés & les pièces de conviction, pour les remettre aux juges. Dans tous les cas, il dressera procès-verbal des pièces & des faits, & il tiendra registre du tout. Il en instruira de plus le département de police, & le commissaire de section qui se trouvera de service.

Art. XVII.

Hors les cas de flagrant-délit, la municipalité ne pourra ordonner l'arrestation de qui que ce soit, que dans les cas & de la manière qui seront déterminés dans le règlement de police.

Art. XVIII.

Le commissaire de police rendra compte au maire, ainsi que l'ordonnera celui-ci.

Art. XIX.

Le commissaire de police rendra tous les soirs au commissaire de section qui sera de service, un compte sommaire & par écrit des évènemens de la journée.

Art. XX.

Le secrétaire-greffier tiendra la plume aux assemblées du

du comité ; il dressera les procès-verbaux lorsqu'il en sera requis par les commissaires ; il sera chargé de faire les expéditions, les extraits & les envois à qui il appartiendra ; il sera aussi chargé de la tenue de tous les registres nécessaires aux fonctions du comité & du commissaire de police.

Art. XXI.

Les appointemens du secrétaire-greffier seront acquittés des deniers communs de la ville.

Art. XXII.

Il sera procédé à l'élection des seize commissaires de section, du commissaire de police & du secrétaire-greffier, par les assemblées de chaque section, immédiatement après les élections des membres du corps municipal & du conseil-général de la commune.

Voyez ci-devant l'observation sur l'article 3, page 77.

Art. XXIII.

L'élection du commissaire de police se fera au scrutin & à la pluralité absolue des suffrages, mais par bulletin de deux noms. Si le premier ou le second tour de scrutin ne donnent pas cette pluralité absolue, on procédera à un troisième & dernier, dans lequel on n'écrira qu'un nom. Les voix ne pourront porter que sur l'un des deux citoyens qui en auront obtenu le plus grand nombre au second scrutin.

Art. XXIV.

Le commissaire de police & le secrétaire-greffier ne pourront être choisis que parmi les citoyens éligibles de la section, & ils seront tenus d'y résider.

Art. XXV.

L'élection du secrétaire-greffier se fera au scrutin, par bulletin de deux noms, & à la pluralité relative, laquelle sera au moins du quart des suffrages.

Art. XXVI.

Les seize commissaires de section seront choisis parmi les citoyens éligibles de la section, au scrutin, par bulletin de liste de six noms.

Art. XXVII.

Ceux qui, par le dépouillement du scrutin, se trouveront réunir la pluralité relative du tiers au moins des suffrages, seront déclarés commissaires.

Art. XXVIII.

Pour le nombre des commissaires restans à nommer, comme aussi dans le cas où aucun citoyen n'auroit eu la pluralité du tiers des voix, il sera procédé à un second scrutin par bulletin de liste de six noms ; & ceux qui, par le dépouillement de ce scrutin, réuniront la pluralité relative du tiers au moins des voix, seront déclarés commissaires.

Art. XXIX.

Si le nombre des seize commissaires n'est pas encore rempli, ou si aucun citoyen ne se trouve élu, il sera procédé à un dernier scrutin, par bulletin de liste de six noms, & à la simple pluralité relative des suffrages. Ceux qui l'obtiendront seront déclarés élus, jusqu'à concurrence des seize commissaires à nommer.

Art. XXX.

Si un citoyen nommé commiſſaire au troiſième tour, refuſe, il ſera remplacé par le concurrent qui, dans ce même tour de ſcrutin, aura eu le plus de voix après lui. Si un citoyen nommé commiſſaire dans les deux premiers ſcrutins, refuſe après la diſſolution de l'aſſemblée, il ſera remplacé par celui qui, dans les divers ſcrutins, aura eu le plus de voix. Les commiſſaires de ſection, en cas de mort ou de démiſſion dans le cours de l'année, ſeront remplacés, juſqu'à l'époque ordinaire des élections, par ceux des citoyens qui auront eu le plus de voix après eux; & pour exécuter ces deux diſpoſitions, on conſervera les réſultats des ſcrutins.

Art. XXXI.

L'exercice des fonctions de commiſſaire de police ſera incompatible avec celles de la garde nationale.

Voyez au code militaire, le décret du 29 ſeptembre 1791, section première, article 16.

Art. XXXII.

Les commiſſaires de ſection, le commiſſaire de police & ſon ſecrétaire-greffier prêteront ſerment entre les mains du préſident de l'aſſemblée de la ſection, de bien & fidèlement remplir leurs devoirs.

Art. XXXIII.

La moitié des commiſſaires de ſection ſortira chaque année. La première ſortie ſe fera par la voie du ſort; elle n'aura lieu qu'à l'époque des élections ordinaires en 1791; &, pour la première fois, le temps qui s'écousera entre l'époque de leur élection, & l'époque fixe des élections ordinaires, ne sera point compté.

Art. XXXIV.

Les élections des secrétaires-greffiers se renouvelleront tous les deux ans, & l'époque en sera fixée de façon à alterner avec celle de l'élection des commissaires de police.

Voyez ci-après, deux autres décrets du 21 septembre 1791, relatifs à des objets de police particuliers à la ville de Paris.

Extrait du décret du 9 juin 1790,

Sanctionné le même jour,

Pour l'exécution provisoire des règlemens sur les formes du service, notamment sur la police des spectacles.

L'Assemblée nationale décrète que toutes les anciennes ordonnances de police & militaires, sur la nature & les formes du service, & notamment sur la police des spectacles, doivent être exécutées provisoirement, jusqu'à ce qu'il en ait été autrement ordonné.

Voyez le décret définitif du 13 janvier 1791, qui suit immédiatement, sur les théâtres & leur police.

DÉCRET du 13 janvier 1791,

Sanctionné le 19,

Concernant la liberté des théâtres.

L'Assemblée nationale, ouï le rapport de son comité de constitution, décrète ce qui suit :

ARTICLE PREMIER.

Tout citoyen pourra élever un théâtre public, & y faire représenter des pièces de tous les genres, en faisant, préalablement à l'établissement de son théâtre, sa déclaration à la municipalité des lieux.

Voyez au code judiciaire, partie première, le décret du 16 août 1790, titre XI, article 4.

ART. II.

Les ouvrages des auteurs morts depuis cinq ans & plus, sont une propriété publique, & peuvent, nonobstant tous anciens priviléges, qui sont abolis, être représentés sur tous les théâtres indistinctement.

ART. III.

Les ouvrages des auteurs vivans ne pourront être représentés sur aucun théâtre public, dans toute l'étendue de la France, sans le consentement formel, & par écrit, des auteurs, sous peine de confiscation du produit total des représentations, au profit des auteurs.

ART. IV.

La disposition de l'article 3 s'applique aux ouvrages

déja représentés, quels que soient les anciens règlemens : néanmoins les actes qui auroient été passés entre des comédiens & des auteurs vivans, ou des auteurs morts depuis moins de cinq ans, seront exécutés.

Art. V.

Les héritiers ou les cessionnaires des auteurs, seront propriétaires de leurs ouvrages, durant l'espace de cinq années, après la mort de l'auteur.

Art. VI.

Les entrepreneurs ou les membres des différens théâtres, seront, à raison de leur état, sous l'inspection des municipalités ; ils ne recevront des ordres que des officiers municipaux, qui ne pourront pas arrêter ni défendre la représentation d'une pièce, sauf la responsabilité des auteurs & des comédiens, & qui ne pourront rien enjoindre aux comédiens que conformément aux lois & règlemens de police : règlemens sur lesquels le comité de constitution dressera incessamment un projet d'instruction. Provisoirement, les anciens règlemens seront exécutés.

Art. VII.

Il n'y aura au spectacle qu'une garde extérieure, dont les troupes de ligne ne seront point chargées, si ce n'est dans le cas où les officiers municipaux leur en feroient la réquisition formelle. Il y aura toujours un ou plusieurs officiers civils dans l'intérieur des salles ; & la garde n'y pénétrera que dans le cas où la sûreté publique seroit compromise, & sur la réquisition expresse de l'officier civil, lequel se conformera aux lois & aux règlemens de police. Tout citoyen sera tenu d'obéir provisoirement à l'officier civil.

EXTRAIT du décret du 16 janvier 1791,

Sanctionné le 16 février suivant,

Concernant l'organisation du corps de la gendarmerie.

SECTION SECONDE.

Des fonctions de la gendarmerie nationale.

ARTICLE PREMIER.

Les fonctions essentielles & ordinaires de la gendarmerie nationale, sont :

1°. De faire les marches, tournées, courses & patrouilles dans tous les lieux des arrondissemens respectifs, de les faire constater sur les feuilles de service par les maires, &, en leur absence, par un autre officier municipal, à peine de suspension de traitement.

2°. De recueillir & prendre tous les renseignemens possibles sur les crimes & délits publics.

3°. De rechercher & poursuivre les malfaiteurs.

4°. De saisir toutes personnes surprises en flagrant-délit, ou poursuivies par la clameur publique, quelles qu'elles puissent être, sans aucune distinction.

5°. De saisir tous gens trouvés porteurs d'effets volés, d'armes ensanglantées, faisant présumer le crime.

6°. De saisir les brigands, voleurs & assassins attroupés.

7°. De saisir les dévastateurs de bois & de récoltes, les chasseurs masqués, les contrebandiers armés, lorsque les délinquans de ces deux derniers genres seront pris sur le fait.

8°. De dissiper les révoltes & attroupemens séditieux, à la charge d'en prévenir incessamment les officiers municipaux des lieux les plus voisins.

9°. De saisir tous ceux qui seront trouvés exerçant des voies de fait ou violences contre la sûreté des personnes ou des propriétés, contre la libre circulation des subsistances, contre les porteurs de contrainte pour deniers publics, ou d'ordonnance de justice.

10°. De prendre, à l'égard des mendians & vagabonds sans aveu, les simples précautions de sûreté prescrites par les anciens règlemens, qui seront exécutés jusqu'à ce qu'il en ait été autrement ordonné.

11°. De dresser des procès-verbaux de l'état de tous les cadavres trouvés sur les chemins, dans les campagnes, ou retirés de l'eau; à l'effet de quoi l'officier de la gendarmerie nationale le plus voisin sera averti, & tenu de se transporter en personne sur le lieu, dès qu'il sera averti.

12°. De dresser pareillement des procès-verbaux des incendies, effractions, assassinats, & autres crimes qui laissent des traces après eux.

13°. De dresser de même procès-verbal des déclarations qui leur seront faites par les habitans, voisins & autres qui seront en état de leur fournir des preuves & renseignemens sur les crimes, les auteurs & complices.

14°. De citer les témoins devant les officiers de police.

15°. De se tenir à portée des grands rassemblemens d'hommes, tels que foires, marchés, fêtes & cérémonies.

16°. D'escorter les deniers publics, les convois de poudre de guerre, & faire la conduite des prisonniers ou condamnés, de brigade en brigade.

17°. De faire le service dont la maréchaussée est actuellement chargée, en ce qui concerne l'armée, les soldats, & toutes les parties militaires, conformément aux règlemens, tant qu'il n'en aura pas été autrement ordonné.

18°. De remplir toutes les fonctions qui leur sont attribuées par le décret concernant la procédure par jurés.

C'est le décret publié sous la date du 16 septembre 1791, mais dont plusieurs dispositions étoient dès-lors prononcées. Voyez-le au code criminel.

19°. Ils sont au surplus autorisés à repousser par la force les violences & les voies de fait qui seroient employées contre eux dans l'exercice des fonctions qui leur sont confiées par la loi.

Art. II.

Les fonctions mentionnées en l'article précédent, seront habituellement exercées par la gendarmerie nationale, sans qu'il soit besoin d'aucune réquisition particulière.

Art. III.

Les signalemens des brigands, voleurs, assassins, perturbateurs du repos public, & ceux des personnes contre lesquelles il sera intervenu mandat d'amener, ou mandat d'arrestation, seront délivrés à la gendarmerie nationale, & transmis de brigade en brigade, ou autrement.

Pour connoître ce que c'est que mandat d'amener & mandat d'arrêt, voyez, au code criminel, le décret du 16 septembre 1791, titre II.

Art. IV.

Hors les cas exprimés dans l'article premier, la gendarmerie nationale ne pourra saisir aucun citoyen domicilié, sans un mandat spécial de justice.

Art. V.

Elle ne pourra jamais saisir un citoyen dans sa propre maison, si ce n'est en vertu d'un mandement de justice; auquel cas elle accompagnera; si elle en est requise, l'huissier porteur de cette ordonnance : à peine, en cas de contravention au présent article & au précédent, de prison pour la première fois contre le chef de brigade, & de destitution pour la seconde, sans préjudice des dommages & intérêts.

Voyez l'acte constitutionnel, titre IV, art. 9; & au code criminel le décret du 16 septembre 1791, titre II, article 8.

ART. VI.

Il est expressément défendu à tous, & en particulier aux dépositaires de la force publique, de faire aux personnes arrêtées aucun mauvais traitement ni outrage, même d'employer contre elles aucune violence, si ce n'est en cas de résistance ou de rebellion, en prenant néanmoins toutes les mesures nécessaires pour s'assurer d'elles : le tout à peine contre les officiers, sous-officiers ou gendarmes qui manqueront à ce devoir, d'être condamnés à la prison pour la première fois, & suspendus de toute fonction pour la seconde, même de plus grande peine, s'il y échet : faute de quoi les officiers supérieurs demeureront responsables, sans préjudice des dommages & intérêts ; & les coupables seront réprimés par les tribunaux de district.

Voyez au code criminel l'instruction du 29 septembre 1791, part. I.

ART. VII.

Tous procès-verbaux de corps de délit, de capture, d'arrestation, seront déposés au greffe du tribunal de district, dans trois jours au plus tard : il en sera envoyé extrait, avec tous les renseignemens nécessaires, au lieutenant-colonel de la gendarmerie nationale ; l'enregistrement en sera fait à son greffe ; celui-ci en rendra compte au colonel de division.

ART. VIII.

Le ſecrétaire-greffier de la gendarmerie nationale, ſera tenu, à peine d'en demeurer reſponſable, de donner avis des captures & détentions à la municipalité du lieu du domicile, ou, à défaut du domicile, du lieu de la naiſſance du détenu ou priſonnier. Quant aux individus étrangers, ou dont le lieu de naiſſance ſeroit inconnu, il en ſera donné avis par le ſecrétaire-greffier, au chef de la juſtice.

Voyez au code criminel, le décret du 16 ſeptembre 1791, tit. XIV, article 10 & ſuiv.

ART. IX.

La lettre qui ſera écrite à cet effet par le ſecrétaire-greffier, ſera tranſcrite ſur ſon regiſtre, viſée par le lieutenant-colonel, & chargée à la poſte, ou tranſmiſe de brigade en brigade : le ſecrétaire-greffier aura ſoin de ſe procurer la preuve de ces précautions.

ART. X.

En toute occaſion, les officiers, ſous-officiers & gendarmes de la gendarmerie nationale, prêteront ſur le-champ la main-forte qui leur ſera demandée par réquiſition légale ; ils exécuteront les réquiſitions qui leur ſeront adreſſées par les commiſſaires du roi près les tribunaux, ſeulement lorſqu'il s'agira d'exécution des jugemens & ordonnances de juſtice.

ART. XI.

L'extrait des procès-verbaux & les notes des opérations relatives aux diſpoſitions de l'article précédent, ſeront pareillement envoyés au lieutenant-colonel de la gendarmerie nationale, qui en fera faire l'enregiſtrement à ſon ſecrétariat, & qui en rendra compte au colonel.

Art. XII.

Le ſervice de la gendarmerie nationale eſt eſſentiellement deſtiné à la ſûreté des campagnes ; & néanmoins la gendarmerie nationale prêtera, dans l'intérieur des villes, toute main-forte dont elle ſera légalement requiſe.

Art. XIII.

La gendarmerie nationale des départemens pourra être chargée de tranſmettre aux municipalités des campagnes, & aux citoyens qui les compoſent, les avis & inſtructions des adminiſtrations & directoires de département & de diſtrict, ainſi que les inſtructions décrétées par le corps légiſlatif, ou rédigées par ſes ordres.

Relativement aux outrages qui ſeroient faits à la gendarmerie nationale dans ſes fonctions, voyez ci-après le décret du 19 juillet 1791, titre II, article 20.

Voyez ci-après le décret des 26 & 27 juillet 1791, qui déclare les diſpoſitions du préſent décret communes aux gardes ſoldées dans les villes.

Décret du 28 février 1791,

Sanctionné le 17 avril suivant,

Qui détermine la nature de la souveraineté, & prescrit les règles de l'obéissance à la loi & du respect dû à ceux qui sont chargés de la faire exécuter.

L'Assemblée nationale décrète ce qui suit :

Article premier.

La souveraineté étant une, indivisible, & appartenant à la nation entière, aucune administration de département ou de district, aucune municipalité, aucun tribunal, aucune commune ou section de commune, aucune assemblée primaire ou électorale, non plus qu'aucune section du peuple ou de l'empire, sous quelque dénomination que ce soit, n'a le droit & ne peut exercer aucun acte de la souveraineté ; mais chaque citoyen a le droit de pétition, dont il pourra faire usage suivant les formes qui sont ou qui seront décrétées.

Art. II.

Les citoyens qui assisteront aux audiences des juges-de-paix, à celles des tribunaux de district, des tribunaux criminels, de ceux de police & de commerce, se tiendront découverts, dans le respect & le silence. Tout ce que les juges ordonneront pour le maintien de l'ordre, sera exécuté ponctuellement à l'instant même.

Art. III.

Si un ou plusieurs des assistans interrompent le silence, donnent des signes publics d'approbation ou de désapprobation, ſoit à la défenſe des parties, ſoit au jugement, cauſent ou excitent du tumulte de quelque manière que ce ſoit; & ſi, après l'avertiſſement des huiſſiers, ils ne rentrent pas dans l'ordre ſur-le-champ, il leur ſera enjoint de ſe retirer; & dans le cas où quelqu'un opposeroit à cette injonction la moindre réſiſtance, les réfractaires seront ſaiſis auſſitôt, & dépoſés dans la maiſon d'arrêt, où ils demeureront vingt-quatre heures.

ART. IV.

Si quelques mauvais citoyens oſoient outrager ou menacer les juges & les officiers de juſtice dans l'exercice de leurs fonctions, les juges feront ſaiſir à l'inſtant les coupables, qui, de ſuite, ſeront dépoſés dans la maiſon d'arrêt. Les juges les interrogeront publiquement dans les vingt-quatre heures, & pourront les condamner, par voie de police correctionnelle, juſqu'à huit jours de détention, ſelon la nature des circonſtances.

Voyez au code civil (ou code judiciaire, part. II) le décret des 14 & 18 octobre 1790, titre VII, art. 4; au code criminel, le décret du 16 ſeptembre 1791, titre VIII, art. 30.

ART. V.

Si les outrages étoient d'une telle gravité, qu'ils méritaſſent peine afflictive ou infamante, les coupables, ſaiſis & interrogés dans les vingt-quatre heures, ſeront renvoyés dans la maiſon d'arrêt, pour ſubir les épreuves de l'inſtruction criminelle; & s'ils ſont convaincus, ils ſeront punis ſuivant toute la rigueur des lois.

Voyez ci-après le décret du 19 juillet 1791, tit. II, art. 19.

ART. VI.

Les aſſemblées délibérantes des municipalités & des

administrations, s'il s'y trouve quelques assistans étrangers, exerceront, dans le lieu de leurs séances, les mêmes fonctions de police qui viennent d'être attribuées aux juges. Après avoir fait saisir les perturbateurs, aux termes des articles 3 & 4 ci-dessus, les membres de ces assemblées dresseront procès-verbal du délit, & le feront parvenir au tribunal, qui suivra, pour l'interrogatoire & le jugement, ce qui est prescrit par les articles 4 & 5.

Art. VII.

Toute rebellion de citoyens avec ou sans armes, contre l'exécution des mandemens de justice, saisies-exécutions, ordonnances de prise-de-corps, contraintes par corps, autorisées par la loi & ordonnées par jugement ou mandement de justice; toute violence exercée & tout mouvement populaire excité contre les officiers municipaux, administrateurs, juges, officiers ministériels, dépositaires de la force publique en fonctions, seront poursuivis contre les prévenus, par la voie criminelle, & punis selon toute la rigueur des lois.

Voyez au code criminel, le décret du 22 janvier 1790.

Art. VIII.

Les officiers ministériels chargés de l'exécution des jugemens, mandemens, saisies, ordonnances & contraintes par corps, contre un citoyen, lui présenteront une baguette blanche, en le sommant d'obéir. Aussitôt après l'apparition de ce signe de la puissance publique, toute résistance sera réputée rebellion.

Art. IX.

Si des fonctionnaires publics ou officiers ministériels

d'exécution sont insultés, menacés ou attaqués dans l'exercice de leurs fonctions, ils prononceront à haute voix ces mots : *Force à la loi.* A l'instant où ce cri sera entendu, les dépositaires de la force publique, & même tous les citoyens, sont obligés, par la constitution, de prêter main-forte à l'exécution des jugemens & contraintes, & de régler leur action sur l'ordre de l'homme public, qui seul demeurera responsable.

Voyez ci-après le décret des 26 & 27 juillet 1791, art. premier.

Art. X.

Si un fonctionnaire public, administrateur, juge, officier ministériel d'exécution, exerçoit sans titre légal quelque contrainte contre un citoyen; ou si, même avec un titre légal, il employoit ou faisoit employer des violences inutiles, il sera responsable de sa conduite à la loi, & puni sur la plainte de l'opprimé, portée & poursuivie selon les formes prescrites.

Voyez le décret du 19 juillet 1791, titre premier, art. 8.

Art. XI.

Le présent décret sera lu & publié aux prônes de toutes les églises paroissiales & succursales, pendant trois dimanches consécutifs, par les curés, vicaires, ou autres ecclésiastiques; il sera solemnellement proclamé & affiché aux portes des églises, à l'entrée des maisons communes, dans les rues, carrefours & places publiques, par ordre des officiers municipaux. Il sera & demeurera affiché dans les auditoires de justice, de police & de commerce, dans les maisons des juges-de-paix, & dans les lieux d'assemblées des municipalités, conseils-généraux des communes, administrations & directoires de département & de de district. Il sera lu de nouveau chaque année aux prônes des paroisses, publié & affiché.

Conférez avec les dispositions de ce décret celles du code pénal, partie II, titre premier, section IV & V. Voyez aussi le décret du 18 juillet 1791, qui suit, & celui des 26 & 27 du même mois.

DÉCRET du 14 juin 1791,

Sanctionné le 17 du même mois,

R latif aux assemblées de citoyens d'un même etat ou profession.

L'Assemblée nationale décrète ce qui suit :

ARTICLE PREMIER.

L'anéantissement de toutes espèces de corporations des citoyens d'un même état & profession étant l'une des bases fondamentales de la constitution française, il est défendu de les rétablir de fait, sous quelque prétexte & sous quelque forme que ce soit.

Voyez l'acte constitutionnel, dispositions générales à la suite de la déclaration des droits.

ART. II.

Les citoyens d'un même état ou profession, les entrepreneurs, ceux qui ont boutique ouverte, les ouvriers & compagnons d'un art quelconque, ne pourront, lorsqu'ils se trouveront ensemble, se nommer ni président, ni secrétaires, ni syndics, tenir des registres, prendre des arrêtés ou délibérations, former des règlemens sur leurs prétendus intérêts communs.

ART. III.

Il est interdit à tous corps administratifs & municipaux de recevoir aucune adresse ou pétition sous la dénomination d'un état ou profession, d'y faire aucune réponse; & il leur est enjoint de déclarer nulles les délibérations qui pourroient être prises de cette manière, & de veiller soigneusement à ce qu'il ne leur soit donné aucune suite ni exécution.

ART. IV.

Si, contre les principes de la liberté & de la constitution, des citoyens attachés aux mêmes professions, arts & métiers, prenoient des délibérations, ou faisoient entr'eux des conventions tendantes à refuser de concert, ou à n'accorder qu'à un prix déterminé le secours de leur industrie ou de leurs travaux, lesdites délibérations & conventions, accompagnées ou non du serment, sont déclarées inconstitutionnelles, attentatoires à la liberté & à la déclaration des droits de l'homme, & de nul effet: les corps administratifs & municipaux sont tenus de les déclarer telles. Les auteurs, chefs & instigateurs qui les auront provoquées, rédigées ou présidées, seront cités devant le tribunal de police à la requête du procureur de la commune, condamnés chacun en 500 livres d'amende, & suspendus pendant un an de l'exercice de tous droits de citoyens actifs, & de l'entrée dans les assemblées primaires.

ART. V.

Il est défendu à tous corps administratifs & municipaux, à peine par leurs membres d'en répondre en leur propre & privé nom, d'employer, admettre ou souffrir qu'on admette aux ouvrages de leurs professions dans aucuns travaux publics, ceux des entrepreneurs, ouvriers & compagnons qui provoqueroient ou signeroient lesdites délibérations ou conventions, si ce n'est dans le cas où, de leur propre mouvement, ils se seroient présentés au greffe du tribunal de police pour les rétracter ou désavouer.

ART. VI.

Si lesdites délibérations ou conventions, affiches apposées, lettres circulaires, contenoient quelques menaces contre les entrepreneurs, artisans, ouvriers ou journaliers étrangers qui viendroient travailler dans le lieu, ou contre ceux qui se contenteroient d'un salaire inférieur, tous auteurs, instigateurs & signataires des actes ou écrits, seront punis d'une amende de 1000 livres chacun, & de trois mois de prison.

ART. VII.

Ceux qui useroient de menaces ou de violences contre les ouvriers usant de la liberté accordée par les lois constitutionnelles, au travail & à l'industrie, seront poursuivis par la voie criminelle, & punis selon la rigueur des lois, comme perturbateurs du repos public.

ART. VIII.

Tous attroupemens composés d'artisans, ouvriers, compagnons, journaliers, ou excités par eux contre le libre exercice de l'industrie & du travail appartenant à toutes sortes de personnes, & sous toute espèce de conditions convenues de gré à gré, ou contre l'action de la police & l'exécution des jugemens rendus en cette matière, ainsi que contre les enchères & adjudications publiques des diverſes entrepriſes, ſeront tenus pour attroupemens ſéditieux, & comme tels, ils ſeront diſſipés par les dépoſitaires de la force publique, ſur les réquiſitions légales qui leur en ſeront faites, & punis ſelon toute la rigueur des lois, ſur les auteurs, inſtigateurs & chefs deſdits attroupemens, & ſur tous ceux qui auront commis des voies de fait & des actes de violence.

Voyez le décret du 19 juillet 1791, titre II, art. 26, 28 & 29.

DÉCRET du 18 juillet 1791,

Scellé le 28,

Concernant les peines à prononcer contre les perſonnes qui provoqueront le meurtre, le pillage, l'incendie, ou conſeilleront déſobéiſſance à la loi, & inſulteront la force publique en fonctions.

L'Aſſemblée nationale, après avoir ouï ſes comités de conſtitution & de juriſprudence criminelle, décrète ce qui ſuit :

ARTICLE PREMIER.

Toutes perſonnes qui auront provoqué le meurtre, le pillage, l'incendie, & conſeillé formellement la déſobéiſſance à la loi, ſoit par des placards ou affiches, ſoit par des écrits publiés ou colportés, ſoit par des diſcours tenus dans des lieux ou aſſemblées publiques, ſeront regardées comme ſéditieuſes ou perturbateurs de la paix publique ; & en conſéquence, les officiers de police ſeront tenus de les faire arrêter ſur-le-champ, & de les remettre aux tribunaux, pour être punis ſuivant la loi.

ART. II.

Tout homme qui, dans un attroupement, ou émeute, aura fait entendre un cri de provocation au meurtre, sera puni de trois ans de chaîne, si le meurtre ne s'en est pas suivi, & comme complice du meurtre, s'il y a lieu. Tout citoyen présent est tenu de s'employer ou de prêter main-forte pour l'arrêter.

ART. III.

Tout cri contre la garde nationale, ou la force publique en fonctions, tendant à lui faire baisser ou déposer ses armes, est un cri de sédition, & sera puni d'un emprisonnement qui ne pourra excéder deux années.

Le présent décret sera imprimé & envoyé dans tous les départemens.

* *Voyez* le décret du 28 février 1791, qui précède le décret du 21 octobre 1789, ou loi martiale; & le décret du 19 juillet 1791, titre II, art. 28 & 29.

DÉCRET du 19 juillet 1791,

Scellé le 22 du même mois,

Sur la police municipale & correctionnelle.

L'Assemblée nationale, considérant que des décrets antérieurs ont déterminé les bornes & l'exercice des diverses fonctions publiques, & établi les principes de police constitutionnelle destinés à maintenir cet ordre.

Les décrets dont on parle ici sont ceux qui ont été insérés par la suite dans l'acte constitutionnel, mais qui étoient déja prononcés à cette époque ; le décret du 16 août 1790, qu'on peut voir dans la première partie du code judiciaire, & le décret du 28 février 1791, ci-devant rapporté.

Que le décret sur l'institution des jurés a pareillement établi une police de sûreté, qui a pour objet de s'assurer de la personne de tous ceux qui seroient prévenus de crimes ou délits de nature à mériter peine afflictive ou infamante.

Ce décret est celui qui a été publié sous la date du 16 septembre 1791, & qui est rapporté au code criminel.

Qu'il reste à fixer les règles, premièrement de la police municipale, qui a pour objet le maintien habituel de l'ordre & de la tranquillité dans chaque lieu ; secondement de la police correctionnelle, qui a pour objet la répression des délits qui, sans mériter peine afflictive ou infamante, troublent la société & disposent au crime :

Décrète ce qui suit, après avoir entendu le comité de constitution.

Voyez trois décrets particuliers à la police de Paris : l'un du 21 mai 1790, rapporté ci-devant ; les autres, du 21 septembre 1791, rapportés ci-après.

TITRE PREMIER.

POLICE MUNICIPALE.

Dispositions générales d'ordre public.

ARTICLE PREMIER.

Dans les villes & dans les campagnes, les corps municipaux feront constater l'état des habitans, soit par des officiers municipaux, soit par des commissaires de police, s'il y en a, soit par des citoyens commis à cet effet. Chaque année, dans le courant des mois de novembre & décembre, cet état sera vérifié de nouveau, & on y fera les changemens nécessaires. L'état des habitans des campagnes sera recensé au chef-lieu du canton par des commissaires que nommeront les officiers municipaux de chaque communauté particulière.

Art. II.

Le registre contiendra mention des déclarations que chacun aura faites de ses nom, âge, lieu de naissance, dernier domicile, profession, métier, & autres moyens de subsistance. Le déclarant qui n'auroit à indiquer aucun moyen de subsistance, désignera les citoyens domiciliés dans la municipalité, dont il sera connu, & qui pourront rendre bon témoignage de sa conduite.

Art. III.

Ceux qui étant en état de travailler, n'auront ni moyens de subsistance, ni métier, ni répondans, seront inscrits avec la note de gens sans aveu.

Ceux qui refuseront toute déclaration, seront inscrits, sous leur signalement & demeure, avec la note de gens suspects.

Ceux qui seront convaincus d'avoir fait de fausses déclarations, seront inscrits avec la note de gens mal-intentionnés.

Il sera donné communication de ces registres aux officiers & sous-officiers de la gendarmerie nationale, dans le cours de leurs tournées.

Voyez le décret du 10 août 1789, §. 4.

Art. IV.

Ceux des trois classes qui viennent d'être énoncées, s'ils

prennent part à une rixe, un attroupement séditieux, un acte de voie de fait ou de violence, seront soumis, dès la première fois, aux peines de la police correctionnelle, comme il sera dit ci-après.

Art. V.

Dans les villes & dans les campagnes, les aubergistes, maîtres-d'hôtels garnis & logeurs, seront tenus d'inscrire de suite, & sans aucun blanc, sur un registre en papier timbré & paraphé par un officier municipal ou un commissaire de police, les noms, qualités, domicile habituel, date d'entrée & de sortie de tous ceux qui coucheront chez eux, même une seule nuit; de représenter ce registre tous les quinze jours, & en outre toutes les fois qu'ils en seront requis, soit aux officiers municipaux, soit aux officiers de police, ou aux citoyens commis par la municipalité.

Voyez ci-dessous le décret du 27 juillet 1791.

Art. VI.

Faute de se conformer aux dispositions du précédent article, ils seront condamnés à une amende du quart de leur droit de patente, sans que cette amende puisse être au-dessous de trois livres; & ils demeureront civilement responsables des désordres & délits commis par ceux qui logeront dans leurs maisons.

Art. VII.

Les jeux de hasard où l'on admet, soit le public, soit des affiliés, sont défendus, sous les peines qui seront désignées ci-après.

Les propriétaires ou principaux locataires des maisons & appartemens où le public sera admis à jouer des jeux de hasard, seront, s'ils demeurent dans ces maisons, & s'ils n'ont pas averti la police, condamnés, pour la première fois, en 300 livres, & pour la seconde, à 1,000 livres d'amende, solidairement avec ceux qui occuperont les appartemens employés à cet usage.

ART. VIII.

Nul officier municipal, commissaire ou officier de police municipale, ne pourra entrer dans les maisons des citoyens, si ce n'est pour la confection des états ordonnés par les articles 1, 2 & 3, & la vérification des registres des logeurs, pour l'exécution des lois sur les contributions directes, ou en vertu des ordonnances, contraintes & jugemens dont ils seront porteurs, ou enfin sur le cri des citoyens, invoquant, de l'intérieur d'une maison, le secours de la force publique.

Voyez l'article 11 ci-dessous, & le décret du 28 février 1791, article 10.

ART. IX.

A l'égard des lieux où tout le monde est admis indistinctement, tels que les cafés, cabarets, boutiques & autres, les officiers de police pourront toujours y entrer, soit pour prendre connoissance des désordres ou contraventions aux règlemens, soit pour vérifier les poids & mesures, le titre des matières d'or ou d'argent, la salubrité des comestibles & médicamens.

ART. X.

Ils pourront aussi entrer, en tout temps, dans les maisons où l'on donne habituellement à jouer des jeux de hasard, mais seulement sur la désignation qui leur en auroit été donnée par deux citoyens domiciliés.

Ils pourront également entrer, en tout temps, dans les lieux livrés notoirement à la débauche.

Art. XI.

Hors les cas mentionnés aux articles 8, 9 & 10, les officiers de police, qui, sans autorisation spéciale de justice ou de la police de sûreté, feront des visites ou recherches dans les maisons des citoyens, seront condamnés par le tribunal de police, & en cas d'appel, par celui de district, à des dommages & intérêts qui ne pourront être au-dessous de 100 livres, sans préjudice des peines prononcées par la loi dans les cas de voies de fait, de violences & autres délits.

Voyez le décret du 28 février 1791, art. 10.

Art. XII.

Les commissaires de police, dans les lieux où il y en a, les appariteurs & autres agens de police assermentés, dresseront dans leurs visites & tournées le procès-verbal des contraventions, en présence de deux des plus proches voisins, qui y apposeront leur signature, & des experts en chaque partie d'art, lorsque la municipalité, soit par voie d'administration, soit comme tribunal de police, aura jugé à propos d'en indiquer.

Voyez le décret du 21 septembre 1791, sur l'établissement des commissaires de police.

Art. XIII.

La municipalité, soit par voie d'administration, soit comme tribunal de police, pourra, dans les lieux où la loi n'y aura pas pourvu, commettre à l'inspection du titre des matières d'or ou d'argent, à celle de la salubrité des comestibles & médicamens, un nombre suffisant de gens de l'art, lesquels, après avoir prêté serment, rempliront, à cet égard seulement, les fonctions de commissaires de police.

Voyez ci-après le décret du 21 septembre 1791, qui établit vingt-quatre officiers de paix pour la ville de Paris.

Délits de police municipale, & peines qui seront prononcées.

ART. XIV.

Ceux qui voudront former des sociétés ou clubs, seront tenus, à peine de 200 livres d'amende, de faire, préalablement, au greffe de la municipalité, la déclaration des lieux & jours de leur réunion; & en cas de récidive, ils seront condamnés à 500 livres d'amende.

L'amende sera poursuivie contre les présidens, secrétaires ou commissaires de ces clubs ou sociétés.

ART. XV.

Ceux qui négligeront d'éclairer & de nettoyer les rues devant leurs maisons, dans les lieux où ce soin est laissé à la charge des citoyens;

Ceux qui embarrasseront ou dégraderont les voies publiques;

Ceux qui contreviendront à la défense de rien exposer sur les fenêtres ou au devant de leur maison sur la voie publique, de rien jeter qui puisse nuire ou endommager par sa chute, ou causer des exhalaisons nuisibles;

Ceux qui laisseront divaguer des insensés ou furieux, ou des animaux mal-faisans ou féroces, seront, indépendamment des réparations & indemnités envers les parties lésées, condamnés à une amende qui ne pourra être au-dessous de 40 sous, ni excéder 50 livres; & si le fait est grave, à la détention de police municipale.

La peine sera double en cas de récidive.

Art. XVI.

Ceux qui, par imprudence ou par la rapidité de leurs chevaux, auront blessé quelqu'un dans les rues ou voies publiques, seront, indépendamment des indemnités, condamnés à huit jours de détention & à une amende égale à la totalité de leur contribution mobiliaire, sans que l'amende puisse être au-dessous de 300 livres. S'il y a eu fracture de membres, ou si, d'après les certificats des gens de l'art, la blessure est telle qu'elle ne puisse se guérir en moins de quinze jours, les délinquans seront renvoyés à la police correctionnelle.

Voyez ci-après, art. 28; & titre II, art. 16.

Art. XVII.

Le refus de secours & services requis par la police en cas d'incendie, ou autres fléaux calamiteux, sera puni par une amende du quart de la contribution mobiliaire, sans que l'amende puisse être au-dessous de 3 livres.

Art. XVIII.

Le refus ou la négligence d'exécuter les règlemens de voieries, ou d'obéir à la sommation de réparer ou démolir les édifices menaçant ruine sur la voie publique, seront, outre les frais de la démolition ou de la réparation de ces édifices, punis d'une amende de la moitié de la contribution mobiliaire, laquelle amende ne pourra être au-dessous de 6 livres.

Art. XIX.

En cas de rixe ou dispute avec ameutement du peuple;

En cas de voies de fait ou violences légères dans les

aſſemblées & lieux publics ; en cas de bruit & attroupemens nocturnes ;

Ceux des trois premières claſſes, mentionnés en l'article 3, ſeront, dès la première fois, punis ainſi qu'il ſera dit au titre de la police correctionnelle.

Les autres ſeront condamnés à une amende du tiers de leur contribution mobiliaire, laquelle ne ſera pas au-deſſous de 12 livres, & pourront l'être, ſelon la gravité du cas, à une détention de trois jours dans les campagnes, & de huit jours dans les villes.

Tous ceux qui, après une première condamnation prononcée par la police municipale, ſe rendroient encore coupables de l'un des délits ci-deſſus, ſeront renvoyés à la police correctionnelle.

Voyez ci-deſſous, art. 28.

ART. XX.

En cas d'expoſition en vente de comeſtibles gâtés, corrompus ou nuiſibles, ils ſeront confiſqués & détruits ; & le délinquant condamné à une amende du tiers de ſa contribution mobiliaire, laquelle amende ne pourra être au-deſſous de 3 livres.

ART. XXI.

En cas de vente de médicamens gâtés, le délinquant ſera renvoyé à la police correctionnelle, & puni de cent livres d'amende, & d'un empriſonnement qui ne pourra excéder ſix mois.

La vente des boiſſons falſifiées ſera punie ainſi qu'il ſera dit au titre de la police correctionnelle.

Voyez ci-deſſous, art. 29 ; & titre II, art. 28.

ART. XXII.

En cas d'infidélité des poids & meſures dans la vente

des denrées ou autres objets qui se débitent à la mesure, au poids ou à l'aune, les faux poids & fausses mesures seront confisqués & brisés ; & l'amende sera, pour la première fois, de 100 livres au moins, & de la quotité du droit de patentes du vendeur, si ce droit est de plus de 100 livres.

Voyez ci-dessous, titre II, art. 28.

Art. XXIII.

Les délinquans, aux termes de l'article précédent, seront en outre condamnés à la détention de police municipale ; & en cas de récidive, les prévenus seront renvoyés à la police correctionnelle.

Voyez ci-dessous, titre II, art. 40.

Art. XXIV.

Les vendeurs convaincus d'avoir trompé, soit sur le titre des matières d'or ou d'argent, soit sur la qualité d'une pierre fausse vendue pour fine, seront renvoyés à la police correctionnelle.

Voyez ci-dessous, titre II, art. 39.

Art. XXV.

Quant à ceux qui seroient prévenus d'avoir fabriqué, fait fabriquer ou employé de faux poinçons, marqué ou fait marquer des matières d'or ou d'argent au-dessous du titre annoncé par la marque, ils seront, dès la première fois, renvoyés, par un mandat d'arrêt du juge-de-paix, devant le juré d'accusation ; jugés, s'il y a lieu, selon la forme établie pour l'instruction criminelle ; & s'ils sont convaincus, punis des peines établies dans le code pénal.

Voyez le code pénal, titre premier, section 6, art. 6.

Art. XXVI.

Ceux qui ne paieront pas, dans les trois jours à dater de la signification du jugement, l'amende prononcée contre eux, y seront contraints par les voies de droit : néanmoins la contrainte par corps ne pourra entraîner qu'une détention d'un mois à l'égard de ceux qui sont insolvables.

Art. XXVII.

En cas de récidive, toutes les amendes établies par le présent décret seront doubles, & tous les jugemens seront affichés aux dépens des condamnés.

Art. XXVIII.

Pourront être saisis & retenus jusqu'au jugement, tous ceux qui, par imprudence ou la rapidité de leurs chevaux, auront fait quelques blessures dans la rue ou voie publique, ainsi que ceux qui seroient prévenus des délits mentionnés aux articles 19, 21, 22. Ils seront contraignables par corps au paiement des dommages & intérêts, ainsi que des amendes.

Confirmation de divers règlemens, & dispositions contre l'abus de la taxe des denrées.

Art. XXIX.

Les règlemens actuellement existans sur le titre des matières d'or & d'argent, sur la vérification de la qualité des pierres fines ou fausses, la salubrité des comestibles & des médicamens, sur les objets de serrurerie, continueront d'être exécutés jusqu'à ce qu'il en ait été autrement ordonné. Il en sera de même de ceux qui établissent des dispositions de sûreté, tant pour l'achat & la vente des matières d'or & d'argent, des drogues, médicamens & poisons, que pour la présentation, le dépôt & adjudication des effets précieux dans les monts-de-piété, lombards ou autres maisons de ce genre.

Sont également confirmés provisoirement les règlemens qui subsistent touchant la voierie, ainsi que ceux actuellement existans à l'égard de la construction des bâtimens, & relatifs à la solidité & sûreté : sans que de la présente disposition il puisse résulter la conservation des attributions ci-devant faites sur cet objet à des tribunaux particuliers.

Ajoutez ici les dispositions du décret du 21 septembre 1791, rapporté ci-après, relatives à l'interdiction de certains établissemens dans les villes.

Art. XXX.

La taxe des subsistances ne pourra provisoirement avoir lieu dans aucune ville & commune du royaume que sur le pain & la viande de boucherie, sans qu'il soit permis, en aucun cas, de l'étendre sur le vin, sur le blé, les autres grains, ni autre espèce de denrée; & ce, sous peine de destitution des officiers municipaux.

Art. XXXI.

Les réclamations élevées par les marchands, relativement aux taxes, ne seront en aucun cas du ressort des tribunaux de district; elles seront portées devant le directoire de département qui prononcera sans appel. Les réclamations des particuliers contre les marchands qui vendroient au-dessus de la taxe, seront portées & jugées au tribunal de police, sauf l'appel au tribunal de district.

Forme

Forme de procéder, & règles à observer par le tribunal de police municipale.

Art. XXXII.

Tous ceux qui dans les villes & dans les campagnes auront été arrêtés, seront conduits directement chez un juge-de-paix, lequel renverra pardevant le commissaire de police ou l'officier municipal, chargé de l'administration de cette partie, lorsque l'affaire sera de la compétence de la police municipale.

Voyez le décret du 16 septembre 1791.

Art. XXXIII.

Tout juge-de-paix d'une ville, dans quelque quartier qu'il se trouve établi, sera compétent pour prononcer soit la liberté des personnes amenées, soit le renvoi à la police municipale, soit le mandat d'amener, ou devant lui, ou devant un autre juge-de-paix, soit enfin le mandat d'arrêt, tant en matière de police correctionnelle qu'en matière criminelle.

Art. XXXIV.

Néanmoins, pour assurer le service dans la ville de Paris, il sera déterminé par la municipalité un lieu vers le centre de la ville, où se trouveront toujours deux juges-de-paix, lesquels pourront chacun donner séparément les ordonnances nécessaires. Les juges-de-paix rempliront tour-à-tour ce service pendant vingt-quatre heures.

Art. XXXV.

Les personnes prévenues de contravention aux lois & règlemens de police, soit qu'il y ait eu un procès-verbal ou non, seront citées devant le tribunal par les appariteurs, ou par tous autres huissiers, à la requête du procureur de la commune ou des particuliers qui croiront avoir à se plaindre. Les parties pourront comparoître volontairement, ou sur un simple avertissement, sans qu'il soit besoin de citation.

* *Voyez* dans le code judiciaire, partie première, le décret du 16 août 1790, titre XI, art. 2.

Art. XXXVI.

Les citations seront données à trois jours, ou à l'audience la plus prochaine.

Art. XXXVII.

Les défauts seront signifiés par un huissier commis par le tribunal de police municipale; ils ne pourront être rabattus qu'autant que la personne citée comparoîtra dans la huitaine après la signification du jugement, & demandera à être entendue sans délai. Si elle ne comparoît pas, le jugement demeurera définitif, & ne pourra être attaqué que par la voie de l'appel.

Art. XXXVIII.

Les personnes citées comparoîtront par elles-mêmes ou par des fondés de procuration spéciale : il n'y aura point d'avoués aux tribunaux de police municipale.

Art. XXXIX.

Les procès-verbaux, s'il y en a, seront lus; les témoins, s'il faut en appeler, seront entendus; la défense sera proposée; les conclusions seront données par le procureur de la commune ou son substitut; le jugement préparatoire ou définitif sera rendu, avec expression des motifs, dans la même audience, ou au plus tard dans la suivante.

ART. XL.

L'appel des jugemens ne sera pas reçu, s'il est interjeté après huit jours depuis la signification des jugemens à la partie condamnée.

C'est une dérogation à l'article 14 du titre V du décret du 16 août 1790.

ART. XLI.

La forme de procéder sur l'appel en matière de police, sera la même qu'en première instance.

Quant au tribunal où l'appel doit être porté, voyez le décret du 16 août 1790, titre XI, art. 6.

ART. XLII.

Le tribunal de police sera composé de trois membres que les officiers municipaux choisiront parmi eux; de cinq dans les villes où il y a soixante mille ames ou davantage; de neuf à Paris.

ART. XLIII.

Aucun jugement ne pourra être rendu que par trois juges, & sur les conclusions du procureur de la commune ou de son substitut.

ART. XLIV.

Le nombre des audiences sera réglé d'après le nombre des affaires, qui seront toutes terminées au plus tard dans la quinzaine.

Art. XLV.

Extrait des jugemens rendus par la police municipale sera déposé soit dans un lieu central, soit au greffe du tribunal de police correctionnelle, dans tous les cas où le présent décret aura renvoyé à la police correctionnelle les délinquans en récidive.

Art. XLVI.

Aucun tribunal de police municipale ni aucun corps municipal ne pourra faire de règlement. Le corps municipal néanmoins pourra, sous le nom & l'intitulé de *délibérations*, & sauf la réformation, s'il y a lieu, par l'administration du département, sur l'avis de celle du district, faire des arrêtés sur les objets qui suivent :

1°. Lorsqu'il s'agira d'ordonner les précautions locales sur les objets confiés à sa vigilance & à son autorité, par les articles 3 & 4 du titre XI du décret sur l'organisation judiciaire (1).

2°. De publier de nouveau les lois & les règlemens de police, ou de rappeler les citoyens à leur observation.

Art. XLVII.

Les objets confisqués resteront au greffe du tribunal de police, mais seront vendus au plus tard dans la quinzaine, au plus offrant & dernier enchérisseur, selon les formes ordinaires. Le prix de cette vente, & les amendes, versés dans les mains du receveur du droit d'enregistrement, seront employés, sur les mandats du procureur-syndic du district, visés par le procureur-général-syndic du départe-

(1) *Voyez* ce décret dans la première partie du code judiciaire.

ment, un quart aux menus frais du tribunal, un quart aux frais des bureaux de paix & de jurisprudence charitable, un quart aux dépenses de la municipalité, & un quart au soulagement des pauvres de la commune. Cet emploi sera justifié au directoire du district, qui en rendra compte au directoire de département, toutes les fois que l'ordonnera celui-ci.

Art. XLVIII.

Les commissaires de police, dans les lieux où il y en a, porteront, dans l'exercice de leurs fonctions, un chaperon, aux trois couleurs de *la nation*, placé sur l'épaule gauche. Les appariteurs, chargés d'une exécution de police, présenteront, comme les autres huissiers, une baguette blanche, aux citoyens qu'ils sommeront d'obéir à la loi. Les dispositions du décret sur le respect dû aux juges & aux jugemens, s'appliqueront aux tribunaux de police municipale & correctionnelle, & à leurs officiers.

Le décret cité en cet endroit, est celui du 28 février 1791, rapporté ci-devant.

TITRE II.

POLICE CORRECTIONNELLE.

Dispositions générales sur les peines de la police correctionnelle & les maisons de correction.

Article premier.

Les peines correctionnelles seront: 1°. l'amende; 2°. la confiscation, en certains cas, de la matière du délit; 3°. l'emprisonnement.

Voyez le décret du 16 août 1790, titre XI, art. 5, au code judiciaire, première partie.

ART. II.

Il y aura des maiſons de correction deſtinées, 1°. aux jeunes gens au-deſſous de l'âge de 21 ans, qui devront y être renfermés, conformément aux articles 15, 16 & 17 du titre X du décret ſur l'organiſation judiciaire; 2°. aux perſonnes condamnées par voie de police correctionnelle.

ART. III.

Si la maiſon de correction eſt dans le même local que la maiſon deſtinée aux perſonnes condamnées par jugement des tribunaux criminels, le quartier de la correction ſera entièrement ſéparé.

ART. IV.

Les jeunes gens détenus d'après l'arrêté des familles, ſeront ſéparés de ceux qui auront été condamnés par la police correctionnelle.

ART. V.

Toute maiſon de correction ſera maiſon de travail. Il ſera établi par les conſeils ou directoires de département, divers genres de travaux communs ou particuliers, convenables aux perſonnes des deux ſexes; les hommes & les femmes ſeront ſéparés.

ART. VI.

La maiſon fournira le pain, l'eau & le coucher ſur le produit du travail du détenu; un tiers ſera appliqué à la dépenſe commune de la maiſon.

Sur une partie des deux autres tiers, il lui ſera permis

de se procurer une nourriture meilleure & plus abondante.

Le surplus sera réservé pour lui être remis après que le temps de sa détention sera expiré.

Il lui sera également permis de se procurer une nourriture meilleure & plus abondante sur sa fortune particulière, à moins que le jugement de condamnation n'en ait ordonné autrement.

ART. VII.

Classification des délits, & peines qui seront prononcées.

Les délits punissables par la voie de police correctionnelle seront :

1°. Les délits contre les bonnes mœurs.

2°. Les troubles apportés publiquement à l'exercice d'un culte religieux quelconque.

3°. Les insultes & les violences graves envers les personnes.

4°. Les troubles apportés à l'ordre social & à la tranquillité publique par la mendicité, par les tumultes, par les attroupemens ou autres délits.

5°. Les atteintes portées à la propriété des citoyens par dégâts, larcins ou simples vols, escroqueries, ouverture de maisons de jeux où le public est admis.

PREMIER GENRE DE DÉLIT.

ART. VIII.

Ceux qui seroient prévenus d'avoir attenté publiquement aux mœurs, par outrage à la pudeur des femmes, par actions déshonnêtes, par exposition ou vente d'images obscènes ; d'avoir favorisé la débauche, ou corrompu des jeunes gens de l'un ou l'autre sexe, pourront être saisis sur-le-champ, & conduits devant le juge-de-paix, lequel est autorisé à les faire retenir jusqu'à la prochaine audience de la police correctionnelle.

Art. IX.

Si le délit est prouvé, les coupables seront condamnés, selon la gravité des faits, à une amende de 50 à 500 liv., & à un emprisonnement qui ne pourra excéder six mois. S'il s'agit d'images obscènes, les estampes et les planches seront en outre confisquées & brisées.

Quant aux personnes qui auroient favorisé la débauche ou corrompu des jeunes gens de l'un ou l'autre sexe, elles seront, outre l'amende, condamnées à une année de prison.

Art. X.

Les peines portées en l'article précédent, seront doubles en cas de récidive.

Deuxième genre de délit.

Art. XI.

Ceux qui auroient outragé les objets d'un culte quelconque, soit dans un lieu public, soit dans les lieux destinés à l'exercice de ce culte, ou ses ministres en fonctions, ou interrompu par un trouble public les cérémonies religieuses de quelque culte que ce soit, seront condamnés à une amende, qui ne pourra excéder 500 liv., & à un emprisonnement qui ne pourra excéder un an. L'amende sera toujours de 500 liv., & l'emprisonnement de deux ans, en cas de récidive.

Art. XII.

Les auteurs de ces délits pourront être saisis sur-le-champ & conduits devant le juge-de-paix.

TROISIÈME GENRE DE DÉLIT.

ART. XIII.

Ceux qui hors le cas de légitime défenſe, & ſans excuſe ſuffiſante, auroient bleſſé ou même frappé des citoyens, ſi le délit n'eſt pas de la nature de ceux qui ſont punis des peines portées au code pénal, ſeront jugés par la police correctionnelle; &, en cas de conviction, condammés, ſelon la gravité des faits, à une amende qui ne pourra excéder 500 liv.; &, s'il y a lieu, à un empriſonnement qui ne pourra excéder ſix mois.

ART. XIV.

La peine ſera plus forte ſi les violences ont été commiſes envers des femmes ou des perſonnes de 70 ans & au-deſſus, ou des enfans de 16 ans & au-deſſous, ou par des apprentis, compagnons ou domeſtiques à l'égard de leurs maîtres; enfin s'il y a eu effuſion de ſang, &, en outre, dans le cas de récidive; mais elle ne pourra excéder 1,000 liv. d'amende & une année d'empriſonnement.

ART. XV.

En cas d'homicide dénoncé comme involontaire, ou reconnu tel par la déclaration du juré, s'il eſt la ſuite de l'imprudence ou de la négligence de ſon auteur, celui-ci ſera condamné à une amende qui ne pourra excéder le double de ſa contribution mobiliaire; &, s'il y a lieu, à un empriſonnement qui ne pourra excéder un an.

ART. XVI.

Si quelqu'un ayant bleſſé un citoyen dans les rues ou

voies publiques, par l'effet de son imprudence ou de sa négligence, soit par la rapidité de ses chevaux, soit de toute autre manière, il en est résulté fracture de membre; ou si, d'après le certificat des gens de l'art, la blessure est telle qu'elle exige un traitement de quinze jours, le délinquant sera condamné à une amende qui ne pourra excéder 500 liv., & à un emprisonnement qui ne pourra excéder six mois. Le maître sera civilement responsable des condamnations pécuniaires prononcées contre le cocher ou conducteur des chevaux, ou ses autres domestiques.

Voyez ci-devant tit. I. art. 16.

Art. XVII.

Toutes les peines ci-dessus, seront prononcées indépendamment des dommages & intérêts des parties.

Art. XVIII.

Quant aux simples injures verbales, si elles ne sont pas adressées à un fonctionnaire public en exercice de ses fonctions, elles seront jugées dans la forme établie en l'article 10 du titre III du décret sur l'organisation judiciaire.

Voyez ce décret, en date du 16 août 1790, au code judiciaire, première partie.

Art. XIX.

Les outrages ou menaces par paroles ou par gestes, faits aux fonctionnaires publics dans l'exercice de leurs fonctions, seront punis d'une amende qui ne pourra excéder dix fois la contribution mobiliaire, & d'un emprisonnement qui ne pourra excéder deux années.

La peine sera double en cas de récidive.

Voyez ci-devant le décret du 28 février 1791, art. 4 & 5; & l'indication à l'art. suivant.

ART. XX.

Les mêmes peines seront infligées à ceux qui outrageroient ou menaceroient par paroles ou par gestes, soit les gardes nationales, soit la gendarmerie nationale, soit les troupes de ligne, se trouvant ou sous les armes, ou au corps-de-garde, ou dans un poste de service, sans préjudice des peines plus fortes, s'il y a lieu, contre ceux qui les frapperoient, & sans préjudice également de la défense & de la résistance légitime, conformément aux lois militaires.

Voyez ci-devant le code pénal, part. II, titre I, sect. 4.

ART. XXI.

Les coupables des délits mentionnés aux articles 13, 14, 15, 16, 19 & 20 du présent décret, seront saisis sur-le-champ, & conduits devant le juge-de-paix.

QUATRIÈME GENRE DE DÉLIT.

ART. XXII.

Les mendians valides pourront être saisis & conduits devant le juge-de-paix, pour être statué à leur égard conformément aux lois sur la répression de la mendicité.

ART. XXIII.

Les circonstances aggravantes seront:

1°. De mendier avec menaces & violences.

2°. De mendier avec armes.

3°. De s'introduire dans l'intérieur des maisons, ou de mendier la nuit.

4°. De mendier deux ou plusieurs ensemble:

5°. De mendier avec faux certificats ou congés, infirmités supposées ou déguisement.

6°. De mendier après avoir été repris de justice.

7°. Et deux mois après la publication du présent décret, de mendier hors du canton de son domicile.

Art. XXIV.

Les mendians contre lesquels ils se réunira une ou plusieurs de ces circonstances aggravantes, pourront être condamnés à un emprisonnement qui n'excédera pas une année; & la peine sera double en cas de récidive.

Art. XXV.

L'insubordination, accompagnée de violences ou de menaces dans les ateliers publics ou les ateliers de charité, sera punie d'un emprisonnement qui ne pourra excéder deux années.

La peine sera double en cas de récidive.

Art. XXVI.

Les peines portées dans la loi sur les associations & attroupemens des ouvriers & gens du même état, seront prononcées par le tribunal de la police correctionnelle.

Cette loi est le décret du 14 Juin 1791, rapporté ci-devant à sa date.

Art. XXVII.

Tous ceux qui, dans l'adjudication de la propriété, ou de la location, soit des domaines nationaux, soit de tout autre domaine appartenant à des communautés ou à des particuliers, troubleroient la liberté des enchères, ou empêcheroient que les adjudications ne s'élevaſſent à leur véritable valeur, ſoit par offre d'argent ou par des conventions frauduleuſes, ſoit par des violences ou voies de fait exercées avant ou pendant les enchères, ſeront punis d'une amende qui ne pourra excéder 500 liv., & d'un emprisonnement qui ne pourra excéder une année.

La peine ſera double en cas de récidive.

Art. XXVIII.

Les perſonnes compriſes dans les trois claſſes mentionnées en l'article 3 du titre I.er (1), qui ſeront ſurpriſes dans une rixe, un attroupement ou un acte quelconque de ſimple violence, ſeront punies par un empriſonnement qui ne pourra excéder trois mois. En cas de récidive, la détention ſera d'une année.

Art. XXIX.

Les citoyens domiciliés, qui, après avoir été réprimés une fois par la police municipale pour rixes, tumultes, attroupemens nocturnes, ou déſordres en aſſemblée publique, commettroient pour la deuxième fois le même genre de délit, ſeront condamnés par la police correctionnelle, à une amende qui ne pourra excéder 300 liv, & à un empriſonnement qui ne pourra excéder quatre mois.

Art. XXX.

Ceux qui ſe rendroient coupables des délits mentionnés dans les ſix articles précédens, ſeront ſaiſis ſur-le-champ, & conduits devant le juge-de-paix.

(1) Ci-devant, page 103.

CINQUIÈME GENRE DE DÉLIT.

ART. XXXI.

Tous dégâts commis dans les bois, toutes violations de clôtures, de murs, haies & fossés, quoique non suivis de vol, les larcins de fruits & de production d'un terrein cultivé, autres que ceux mentionnés dans le code pénal, seront punis ainsi qu'il sera dit à l'égard de la police rurale.

Voyez les décrets relatifs à cet objet, dans le code rural.

ART. XXXII.

Les larcins, filouteries & simples vols qui n'appartiennent ni à la police rurale, ni au code pénal, seront, outre les restitutions, dommages & intérêts, punis d'un emprisonnement qui ne pourra excéder deux ans. La peine sera double en cas de récidive.

ART. XXXIII.

Le vol de deniers ou effets mobiliers appartenans à l'Etat, & dont la valeur sera au-dessous de 10 liv., sera puni d'une amende du double de la valeur, & d'un emprisonnement d'une année : la peine sera double en cas de récidive.

ART. XXXIV.

Les coupables des délits mentionnés aux trois précédens articles, pourront être saisis sur-le-champ & conduits devant le juge-de-paix.

ART. XXXV.

Ceux qui, par dol ou à l'aide de faux noms ou de

fausses entreprises, ou d'un crédir imaginaire, ou d'espérances & de craintes chimériques, auroient abusé de la crédulité de quelques personnes, & excroqué la totalité ou partie de leurs fortunes, seront poursuivis devant les tribunaux de district; & si l'excroquerie est prouvée, le tribunal de district, après avoir prononcé les restitutions & dommages & intérêts, est autorisé à condamner, par la voie de police correctionnelle, à une amende qui ne pourra excéder 5,000 liv., & à un emprisonnement qui ne pourra excéder deux ans. En cas d'appel, le condamné gardera prison, à moins que les juges ne trouvent convenable de le mettre en liberté, sur une caution triple de l'amende & des dommages & intérêts prononcés. En cas de récidive, la peine sera double.

Tous les jugemens de condamnation à la suite des délits mentionnés au présent article, seront imprimés & affichés.

ART. XXXVI.

Ceux qui tiendroient des maisons de jeux de hasard où le public seroit admis, soit librement, soit sur la présentation des affiliés, seront punis d'une amende de 1,000 à 3,000 liv., avec confiscation des fonds trouvés exposés au jeu, & d'un emprisonnement qui ne pourra excéder un an. L'amende, en cas de récidive, sera de 5,000 à 10,000 liv., & l'emprisonnement ne pourra excéder deux ans : sans préjudice de la solidarité pour les amendes qui auroient été prononcées par la police municipale, contre les propriétaires & principaux locataires, dans les cas & aux termes de l'article 7 du titre Ier. du présent décret (1).

ART. XXXVII.

Ceux qui tiendroient des maisons de jeux de hasard,

(1) Ci-devant, page 104.

s'ils ſont pris en flagrant-délit, pourrront être ſaiſis & conduits devant le juge-de-paix.

ART. XXXVIII.

Toute perſonne convaincue d'avoir vendu des boiſſons falſifiées par des mixtions nuiſibles, ſera condamnée à une amende qui ne pourra excéder 1,000 liv., & à un empriſonnement qui ne pourra excéder une année. Le jugement ſera imprimé & affiché. La peine ſera double en cas de récidive.

ART. XXXIX.

Les marchands ou tous autres vendeurs convaincus d'avoir trompé, ſoit ſur le titre des matières d'or ou d'argent, ſoit ſur la qualité d'une pierre fauſſe vendue pour fine, ſeront, outre la confiſcation des marchandiſes en délit, & la reſtitution envers l'acheteur, condamnés à une amende de 1,000 à 3,000 liv., & à un empriſonnement qui ne pourra excéder deux années : la peine ſera double en cas de récidive.

Tout jugement de condamnation à la ſuite des délits mentionnés au préſent article, ſera imprimé & affiché.

ART. XL.

Ceux qui, condamnés une fois par la police municipale pour infidélité ſur les poids & meſures, commettroient de nouveau le même délit, ſeront condamnés par la police correctionnelle, à la confiſcation des marchandiſes fauſſes ainſi que des faux poids & meſures, leſquels ſeront briſés ; à une amende qui ne pourra excéder 1,000 liv., & à un empriſonnement qui ne pourra excéder une année. Tout jugement à la ſuite des délits mentionnés au préſent article ſera imprimé & affiché.

A

A la seconde récidive, ils seront poursuivis criminellement, & condamnés aux peines portées au code pénal.

Voyez le code pénal, titre II, sect. 2, art. 46.

ART. XLI.

Les dommages & intérêts, ainsi que les restitutions & les amendes qui seront prononcées en matière de police correctionnelle, emporteront la contrainte par corps.

ART. XLII.

Les amendes de la police correctionnelle & de la police municipale seront solidaires entre les complices. Celles qui ont la contribution mobiliaire pour base, seront exigées d'après la cote entière de cette contribution, sans déduction de ce qu'on auroit payé pour la contribution foncière.

Forme de procéder, & composition des tribunaux en matière de police correctionnelle.

ART. XLIII.

Dans le cas où un prévenu, surpris en flagrant délit, seroit amené devant le juge-de-paix, conformément aux dispositions ci-dessus, le juge, après l'avoir interrogé, après avoir entendu les témoins, s'il y a lieu, dressé procès-verbal sommaire, le renverra en liberté, s'il le trouve innocent; le renverra à la police municipale, si l'affaire est de sa compétence; donnera le mandat d'arrêt, s'il est justement suspect d'un crime; enfin, s'il s'agit des délits ci-dessus mentionnés au présent titre depuis l'article 7, le fera retenir pour être jugé par le tribunal de la police correctionnelle, ou l'admettra sous caution de se représenter. La caution ne pourra être moindre de 3,000 liv., ni excéder 20,000 liv.

ART. XLIV.

La poursuite de ces délits sera faite, soit par les citoyens lésés, soit par le procureur de la commune ou ses substituts, s'il y en a; soit par des hommes de loi, commis à cet effet par la municipalité.

Voyez au code judiciaire, part. I, le décret du 16 août 1790, titre XI, article 2.

ART. XLV.

Sur la dénonciation des citoyens, ou du procureur de la commune, ou de ses substituts, le juge-de-paix pourra donner un mandat d'amener, &, après les éclaircissemens nécessaires, prononcera selon qu'il est dit en l'article 43.

ART. XLVI.

Dans les lieux où il n'y a qu'un juge-de-paix, le tribunal de police correctionnelle sera composé du juge-de-paix & de deux assesseurs. S'il n'y a que deux juges-de-paix, il sera composé de deux juges-de paix & d'un assesseur.

ART. XLVII.

Dans les villes où il y a trois juges-de-paix, le tribunal de police correctionnelle sera composé de trois juges; & en cas d'absence de l'un d'eux, il sera remplacé par un des assesseurs.

ART. XLVIII.

Dans les villes qui ont plus de trois juges-de-paix & moins de six, le tribunal sera de trois, qui siégeront de manière à ce qu'il en sorte un chaque mois.

Art. XLIX.

Dans les villes de plus de ſoixante mille ames, le tribunal de police correctionnelle ſera composé de ſix juges-de-paix, ou, à leur défaut, d'aſſeſſeurs. Ils ſerviront par tour, & pourront ſe diviſer en deux chambres.

Art. L.

A Paris, il ſera composé de neuf juges-de-paix, ſervant par tour. Il tiendra une audience tous les jours, & pourra ſe diviſer en trois chambres.

Durant le ſervice des neuf juges-de-paix à ce tribunal, & pareillement durant la journée où les juges-de-paix de la ville de Paris ſeront occupés au ſervice alternatif établi dans le lieu central par l'article 34 du titre Ier. du préſent décret (1), toutes les fonctions qui leur ſont attribuées par la loi pourront être exercées dans l'étendue de leur ſection par les juges-de-paix des ſections voiſines, au choix des parties.

Art. LI.

Le greffier du juge-de-paix ſervira auprès du tribunal de police correctionnelle dans les lieux où ce tribunal ſera tenu par le juge-de-paix & deux aſſeſſeurs.

Art. LII.

Dans toutes les villes où le tribunal de police correctionnelle ſera composé de deux ou trois juges-de-paix, le corps municipal nommera un greffier.

---

(1) Ci-devant, page 113.

ART. LIII.

Dans les villes où le tribunal de police correctionnelle sera composé de plusieurs chambres, le greffier présentera autant de commis-greffiers qu'il y aura de chambres.

ART. LIV.

Les greffiers nommés par le corps municipal pour servir près du tribunal de police correctionnelle, seront à vie. Leur traitement sera de 1,000 liv. dans les lieux où le tribunal ne formera qu'une chambre; de 1,800 liv. dans les lieux où il en formera deux; & de 3,000 liv. dans les lieux où il en formera trois. Le traitement des commis-greffiers sera, pour chacun, la moitié de celui de greffier.

ART. LV.

Les huissiers des juges-de-paix qui seront de service, feront celui de l'audience.

ART. LVI.

Les audiences de chaque tribunal seront publiques, & se tiendront dans le lieu qui sera choisi par la municipalité.

ART. LVII.

L'audience sera donnée, sur chaque fait, trois jours au plus tard après le renvoi prononcé par le juge-de-paix.

ART. LVIII.

L'instruction se fera à l'audience, le prévenu y sera

interrogé, les témoins pour & contre entendus en sa présence, les reproches & défenses proposés, les pièces lues, s'il y en a, & le jugement prononcé de suite, ou au plus tard à l'audience suivante.

ART. LIX.

Les témoins prêteront serment à l'audience ; le greffier tiendra note du nom, de l'âge, des qualités des témoins, ainsi que de leurs principales déclarations & des principaux moyens de défense. Les conclusions des parties & celles de la partie publique seront fixées par écrit, & les jugemens seront motivés.

ART. LX.

Il ne sera fait aucune autre procédure : sans préjudice du droit qui appartient à chacun d'employer le ministère d'un défenseur officieux.

ART. LXI.

Les jugemens en matière de police correctionnelle pourront être attaqués par la voie de l'appel.

L'appel sera porté au tribunal de district ; il ne pourra être reçu après les quinze jours du jugement signifié à la personne du condamné, ou à son dernier domicile.

Voyez au code judiciaire, partie première, le décret du 16 août 1790, titre XI, art. 6.

ART. LXII.

Le tribunal de district jugera en dernier ressort.

ART. LXIII.

Le département de Paris n'aura qu'un tribunal d'appel,

composé de six juges ou suppléans, tirés des six tribunaux d'arrondissemens. Il pourra se diviser en deux chambres, qui jugeront au nombre de trois juges.

Art. LXIV.

Les six premiers juges ou suppléans qui composeront le tribunal d'appel, seront pris par la voie du sort dans les six tribunaux, les présidens exceptés. De mois en mois, il en sortira deux, lesquels seront remplacés par deux autres, que choisiront les deux tribunaux de districts auxquels les deux sortans appartiendront, & ainsi de suite, par ordre d'arrondissemens.

Art. LXV.

L'audience du tribunal d'appel, ou des deux chambres dans lesquelles il sera divisé, sera ouverte tous les jours, si le nombre des affaires l'exige, sans que le tribunal puisse jamais vaquer.

Art. LXVI.

Les six premiers juges qui composeront ce tribunal nommeront un greffier, lequel sera à vie, & présentera un commis-greffier pour chacune des deux chambres. Il en sera de même, dans toute l'étendue du royaume, pour ceux des tribunaux de première instance qui seront composés de deux ou trois juges-de-paix.

Art. LXVII.

Les plus âgés présideront les deux chambres du tribunal d'appel, &c.

Art. LXVIII.

Dans toute l'étendue du royaume, l'instruction sur

l'appel se fera à l'audience & dans la forme déterminée ci-dessus. Les témoins, s'il est jugé nécessaire, y seront de nouveau entendus ; & l'appelant, s'il succombe, sera condamné en l'amende ordinaire.

Art. LXIX.

En cas d'appel des jugemens rendus par le tribunal de police correctionnelle, les conclusions seront données par le commissaire du roi. Dans la ville de Paris, il sera nommé par le roi un commissaire pour servir auprès du tribunal d'appel de police correctionnelle.

Application des confiscations & amendes.

Art. LXX.

Les produits des confiscations & des amendes prononcées en police correctionnelle, seront perçus par le receveur du droit d'enregistrement ; & après la déduction de la remise accordée aux percepteurs, appliqués, savoir, un tiers aux menus frais de la municipalité & du tribunal de première instance, un tiers à ceux des bureaux de paix & jurisprudence charitable, & un tiers au soulagement des pauvres de la commune. La justification de cet emploi sera faite au corps municipal, & surveillée par le directoire des assemblées administratives.

Art. LXXI.

Les peines portées au présent décret, ne seront applicables qu'aux délits commis postérieurement à sa publication.

DÉCRET des 26 & 27 juillet 1791,

Scellé le 3 août suivant,

Sur la réquisition & l'action de la force publique dans l'intérieur du royaume.

L'Assemblée Nationale considérant que la liberté consiste uniquement à pouvoir faire ce qui ne nuit pas aux droits d'autrui, & à se soumettre à la loi; que tout citoyen appelé ou saisi en vertu de la loi, doit obéir à l'instant, & se rend coupable par la résistance; que les propriétés donnent un droit inviolable & sacré; qu'enfin la garantie des droits de l'homme & du citoyen nécessite une force publique : décrète ce qui suit touchant l'emploi & l'action de cette force dans l'intérieur du royaume.

Voyez l'acte constitutionnel, titre IV, art. 10.

ARTICLE PREMIER.

Toutes personnes surprises en flagrant délit, ou poursuivies par la clameur publique, seront saisies & conduites devant l'officier de police.

Tous les citoyens inscrits ou non sur le rôle de la garde nationale, seront tenus, par leur serment civique, de prêter secours à la gendarmerie nationale, à la garde soldée des villes, & à tout fonctionnaire public, aussitôt que les mots, *force à la loi*, auront été prononcés, & sans qu'il soit besoin d'aucune autre réquisition.

Voyez ci-devant le décret du 28 février 1791, art. 9.

ART. II.

Les fonctions mentionnées en l'article premier de la section deuxième du décret du 16 janvier dernier (1), que la gendarmerie nationale doit exercer ſans réquiſition particulière, ſeront remplies pareillement par les gardes ſoldées dans les villes où il y en aura, non-ſeulement en ce qui concerne les flagrans délits & la clameur publique, mais auſſi contre les porteurs d'effets volés, ou d'armes enſanglantées, les brigands, voleurs & aſſaſſins, les auteurs de voies de faits & violences contre la ſûreté des perſonnes & des propriétés, les mendians & vagabonds, les révoltes & attroupemens ſéditieux.

Art. III.

Si des voleurs ou des brigands ſe portent en troupe ſur un territoire quelconque, ils ſeront repouſſés, ſaiſis & livrés aux officiers de police par la gendarmerie nationale & la garde ſoldée des villes, ſans qu'il ſoit beſoin de réquiſition.

Ceux des citoyens qui ſe trouveront en activité de ſervice de gardes nationales, prêteront main-forte au beſoin; & ſi un ſupplément de force eſt néceſſaire, les troupes de ligne, ainſi que tous les citoyens inſcrits, ſeront tenus d'agir ſur la réquiſition du procureur de la commune, ou, à ſon défaut, de la municipalité.

Art. IV.

Alors la réquiſition des communes limitrophes continuera d'être autoriſée; celles qui n'auront pas agi d'après la réquiſition, demeureront reſponſables du dommage envers les perſonnes léſées, & ſeront pourſuivies ſur la réquiſition du procureur-général-ſyndic du département, à la diligence du procureur-ſyndic du diſtrict, devant le tribunal du diſtrict le plus voiſin.

(1) Rapporté ci-devant, page 87.

ART. V.

Les dépofitaires de la force publique qui, pour faifir lefdits brigands ou voleurs, fe trouveront réduits à la néceffité de déployer la force des armes, ne feront point refponfables des évènemens.

ART. VI.

Si le nombre des brigands ou voleurs rendoit néceffaire une plus grande force, avis en fera donné fur-le-champ, par la municipalité ou le procureur de la commune, au juge-de-paix du canton & au procureur-fyndic du diftrict. Ceux-ci, & toujours le procureur-fyndic, à défaut ou en cas de négligence du juge-de-paix, feront tenus de requérir foit la gendarmerie nationale, foit la garde foldée des villes qui peuvent fe trouver dans le canton du lieu du délit, ou même dans les autres cantons du diftrict, fubfidiairement les troupes de ligne qui feront à douze milles du lieu de l'incurfion; & enfin, dans le cas de néceffité, les citoyens infcrits dans le canton & dans le diftrict pour le fervice de la garde nationale.

ART. VII.

Quiconque s'oppofera par violence ou voie de fait à l'exécution des contraintes légales, des faifies, des jugemens ou mandats de juftice ou de police, des condamnations par corps, des ordonnances de prife-de-corps, fera contraint à l'obéiffance par les forces attachées au fervice des tribunaux, par la gendarmerie nationale, par la garde foldée des villes, & au befoin par les troupes de ligne.

Voyez fur cet article & les fuivans, le code pénal, partie II, titre I, fection 4.

ART. VIII.

Si la résistance est appuyée par plusieurs personnes ou par un attroupement, les forces seront augmentées en proportion ; & à ce cri, *force à la loi*, tous les citoyens seront tenus de prêter secours, de manière que force demeure toujours à justice. Les rebelles seront saisis, livrés à la police, jugés & punis selon la loi.

ART. IX.

Sera réputé attroupement séditieux, & puni comme tel, tout rassemblement de plus de quinze personnes s'opposant à l'exécution d'une loi, d'une contrainte ou d'un jugement.

ART. X.

Les attroupemens séditieux contre la perception des cens, redevances, agriers & champarts, contre celle des contributions publiques, contre la liberté absolue de la circulation des subsistances, des espèces d'or & d'argent, ou toutes autres espèces monnoyées, contre celle du travail & de l'industrie, ainsi que des conventions relatives au prix des salaires, seront dissipés par la gendarmerie nationale, les gardes soldées des villes & les citoyens qui se trouveront de service en qualité de gardes nationales. Les coupables seront saisis pour être jugés & punis selon la loi.

ART. XI.

Si ces forces se trouvent insuffisantes, le procureur de la commune sera tenu d'en donner avis sur-le-champ au juge-de-paix du canton & au procureur-syndic du district.

ART. XII.

Ceux-ci, & toujours le procureur-syndic, à défaut ou en cas de négligence du juge-de-paix, seront tenus de requérir à l'instant le nombre nécessaire de troupes de ligne qui se trouveroient à douze milles, & subsidiairement les citoyens inscrits dans la garde nationale, soit du canton où le trouble se manifeste, soit des autres cantons du district. Les citoyens actifs des communes troublées par ces désordres, seront en même-temps sommés de prêter secours pour dissiper l'attroupement, saisir les chefs & principaux coupables, & pour rétablir la tranquillité publique & l'exécution de la loi.

ART. XIII.

La même forme de réquisition & d'action, énoncée aux trois articles précédens, aura lieu dans le cas d'attroupement séditieux & d'emeute populaire contre la sûreté des personnes, quelles qu'elles puissent être; contre les propriétés; contre les autorités, soit municipales, soit administratives, soit judiciaires; contre les tribunaux civils, criminels, & de police; contre l'exécution des jugemens, ou pour la délivrance des prisonniers ou condamnés; enfin contre la liberté ou la tranquillité des assemblées constitutionnelles.

ART. XIV.

Tout citoyen est tenu de prêter main-forte pour saisir sur-le-champ & livrer aux officiers de police quiconque violera le respect dû aux fonctionnaires publics en exercice de leurs fonctions, & particulièrement aux juges ou aux jurés.

ART. XV.

Les procureurs-syndics des districts, aussitôt qu'ils

auront été dans le cas de requérir des troupes de ligne, feront tenus, fous leur refponfabilité, d'en inftruire les directoires de diftrict & les procureurs-généraux-fyndics de département. Ceux-ci, fous la même refponfabilité, en donneront avis fur-le-champ au roi, & lui tranfmettront la connoiffance des évènemens à mefure qu'ils furviendront.

ART. XVI.

Si la fédition parvenoit à s'étendre dans une partie confidérable d'un diftrict, le procureur-général-fyndic du département fera tenu de faire les réquifitions néceffaires aux gendarmes nationaux & gardes foldées, même, en cas de befoin, aux troupes de ligne, & fubfidiairement aux citoyens infcrits comme gardes nationales dans des diftricts autres que celui où le défordre a éclaté; d'inviter en même-temps tous les citoyens actifs du diftrict troublé par ce défordre, à fe réunir pour opérer le rétabliffement de la tranquillité, & l'exécution de la loi. Les procureurs-généraux-fyndics, auffitôt qu'ils prendront cette mefure, feront tenus, fous leur refponfabilité, d'en donner avis au roi & à la légiflature, fi elle eft affemblée.

Voyez l'acte conftitutionnel, titre IV, article 2.

ART. XVII.

Les réquifitions des juges-de-paix cefferont à l'inftant où les procureurs-fyndics en auront faites; & ceux-ci s'abftiendront pareillement de toute réquifition, auffitôt après l'intervention des procureurs-généraux-fyndics.

ART. XVIII.

Les citoyens infcrits fur le rôle des gardes nationales, & non en activité de fervice, ne feront requis qu'à défaut

& en cas d'insuffisance de la gendarmerie nationale, des gardes soldées & des troupes de ligne.

Art. XIX.

A l'exception de la réquisition de la force des communes limitrophes, il ne pourra en aucun cas être fait de réquisition aux gardes nationales par un département à l'égard d'un autre département, si ce n'est en vertu d'un décret du Corps législatif, sanctionné par le roi.

Art. XX.

Aucun corps ou détachement de troupes de ligne ne pourra agir dans l'intérieur du royaume sans une réquisition légale, sous les peines établies par les lois.

Voyez l'acte constitutionnel, titre IV, article 8; & le code pénal, partie II titre I, sect. 3, article 18.

Art. XXI.

Les réquisitions seront faites aux chefs commandans en chaque lieu, & lues à la troupe assemblée.

Art. XXII.

Les réquisitions adressées aux commandans, soit des troupes de ligne, soit des gardes nationales, soit de la gendarmerie nationale, seront faites par écrit & dans la forme suivante.

« Nous ...... requérons en vertu *de la loi*, N. ...... commandant, &c. de prêter le secours des troupes de ligne *ou* de la gendarmerie nationale, *ou* de la garde nationale, nécessaire pour repousser les brigands, &c. prévenir ou dissiper les attroupemens, &c. *ou* pour assurer le paiement de, &c. *ou* pour procurer l'exécution de tel jugement *ou* telle ordonnance de police, &c.

Pour la garantie dudit ou desdits commandans, nous apposons notre signature.

Art. XXIII.

L'exécution des dispositions militaires appartiendra ensuite aux commandans des troupes de ligne, conformément à ce qui est réglé par l'article 17 du titre III du décret sur le service des troupes dans les places, & sur les rapports des pouvoirs civils & de l'autorité militaire, & par la loi qui détermine le mode du service simultané des gardes nationales & des troupes de ligne. S'il s'agit de faire sortir les troupes de ligne du lieu où elles se trouvent, la détermination du nombre est abandonnée à l'officier-commandant, sous sa responsabilité.

Voyez ces décrets au code militaire.

Art. XXIV.

En temps de guerre, les troupes de ligne ne pourront être requises que dans les lieux où elles se trouveront, soit en garnison, soit en quartier, soit en cantonnement: néanmoins, sur la notification du besoin de secours, elles prêteront main-forte à l'exécution des lois civiles & politiques, des jugemens & des ordonnances de police & de justice, autant qu'elles le pourront sans nuire au service militaire.

Art. XXV.

Les dépositaires des forces publiques, appelés, soit pour assurer l'exécution de la loi, des jugemens & ordonnances ou mandemens de justice ou de police, soit pour dissiper les émeutes populaires & attroupemens séditieux, & saisir les chefs, auteurs & instigateurs de l'émeute ou de la ſédition, ne pourront déployer la force des armes que dans trois cas :

Le premier, ſi des violences ou voies de fait étoient exercées contre eux-mêmes.

Le ſecond, s'ils ne pouvoient défendre autrement le terrein qu'ils occuperoient, ou les poſtes dont ils ſeroient chargés.

Le troiſième, s'ils y étoient expreſſément autoriſés par un officier civil; & dans ce troiſième cas, après les formalités preſcrites par les deux articles ſuivans.

Art. XXVI.

Si, par les progrès d'un attroupement ou émeute populaire, ou par toute autre cauſe, l'uſage rigoureux de la force devient néceſſaire, un officier civil, ſoit juge-de-paix, ſoit officier municipal, procureur de la commune ou commiſſaire de police, ſoit adminiſtrateur de diſtrict ou de département, ſoit procureur-ſyndic ou procureur-général-ſyndic, ſe préſentera ſur le lieu de l'attroupement ou du délit, prononcera à haute voix ces mots : *Obéiſſance à la loi : on va faire uſage de la force, que les bons citoyens ſe retirent.* Le tambour battra un ban avant chaque ſommation.

Art. XXVII.

Après cette ſommation trois fois réitérée, & même dans le cas où après une première ou ſeconde ſommation il ne ſeroit pas poſſible de faire la ſeconde ou la troiſième, ſi les perſonnes attroupées ne ſe retirent pas paiſiblement, & même s'il en reſte plus de quinze raſſemblées en état de réſiſtance, la force des armes ſera à l'inſtant déployée contre les ſéditieux, ſans aucune reſponſabilité des évènemens; & ceux qui pourront être ſaiſis enſuite ſeront livrés

aux

aux officiers de police, pour être jugés & punis selon la rigueur de la loi.

Art. XXVIII.

Pour l'exécution des deux articles précédens, l'obligation de se présenter au lieu de l'attroupement remontera dans l'ordre qui suit : d'abord le procureur de la commune & les commissaires de police, dans les lieux où il y en aura; à leur défaut, tous les officiers municipaux individuellement; ensuite le juge-de-paix du canton : si c'est dans une ville, le juge-de-paix de la ville; & si elle en a plusieurs, tous les juges-de-paix individuellement; enfin le procureur-syndic du district, &, à son défaut, tous les membres du directoire du district individuellement; le procureur-général-syndic, &, à son défaut, tous les membres du directoire du département individuellement, si l'attroupement ou l'émeute populaire se passe dans le chef-lieu d'une administration de district ou de département.

Les officiers publics dénommés ci-dessus, chacun selon l'ordre de leur élection; & s'il s'agit des juges-de-paix, dans l'ordre de l'âge, en commençant par les plus jeunes.

Art. XXIX.

Si aucun officier civil ne se présente pour faire les sommations, le commandant, soit des troupes de ligne, soit de la garde nationale, sera tenu d'avertir à son choix l'un ou l'autre des officiers civils désignés aux articles 27 & 28.

Art. XXX.

Si des troubles agitent tout un département, le roi donnera, sous la responsabilité de ses ministres, les ordres nécessaires pour l'exécution des lois & le rétablissement de l'ordre ; mais à la charge d'en instruire au même instant le Corps législatif, s'il est assemblé.

Et de le convoquer, s'il est en vacances. Voyez l'acte constitutionnel, titre IV, article 11 ; & l'art. suivant.

ART. XXXI.

Si des troubles agitent tout un département durant les vacances de la législature, & s'ils ne peuvent être réprimés, tant par la gendarmerie nationale & les troupes de ligne qui pourront s'y trouver, que par les gardes nationales, le roi donnera les ordres nécessaires, mais à la charge de les consigner dans une proclamation qui convoquera en même-temps la législature à jour fixe. Il pourra, s'il y a lieu, suspendre les procureurs-généraux-syndics & les procureurs-syndics, lesquels seront remplacés de la manière déterminée dans la loi du 27 mars 1791 : le tout sous la responsabilité des ministres.

ART. XXXII.

Les officiers municipaux de chaque commune, aussitôt qu'ils remarqueront des mouvemens séditieux près d'éclater, seront tenus, sous leur responsabilité, d'en donner avis tant au procureur de la commune qu'au juge-de-paix du canton & au procureur-syndic du district, lesquels requerront un service de vigilance de la part, soit des troupes de ligne, soit de la gendarmerie nationale, soit des citoyens inscrits dans le canton ou le district, selon l'importance des faits. Dans ce cas, & toutes les fois que le procureur-syndic fera une réquisition, il sera tenu d'en avertir le procureur-général-syndic.

ART. XXXIII.

Les conseils ou directoires des départemens seront chargés,

ſous leur reſponſabilité, d'examiner les circonſtances où une augmentation de force eſt néceſſaire à la conſervation ou au rétabliſſement de l'ordre public ; ils ſeront tenus alors d'en avertir le pouvoir exécutif, & de lui demander un renfort de troupes de ligne.

Ce renfort pourra leur être refuſé, ſi la ſûreté & le maintien de l'ordre dans le reſte du royaume ne permettent pas de l'accorder.

Art. XXXIV.

Les corps municipaux, les directoires de diſtrict & de département ſeront chargés, auſſi ſous leur reſponſabilité, de prendre toutes les meſures de la police & de prudence les plus capables de prévenir & calmer les déſordres ; ils ſont chargés en outre d'avertir les procureurs des communes, les juges-de-paix, les procureurs-ſyndics & les procureurs-généraux-ſyndics dans toutes les circonſtances où, ſoit la réquiſition, ſoit l'action de la force publique deviendra néceſſaire.

Ils ſont chargés enfin de tranſmettre à la légiſlature & au roi leurs obſervations ſur la négligence de ces officiers, & ſur l'abus de pouvoir qu'ils ſe permettroient.

Art. XXXV.

Les officiers municipaux auront toujours, ſous leur reſponſabilité, le droit de ſuſpendre la réquiſition, ou d'arrêter l'action de la force publique faite ou provoquée par les procureurs des communes.

Les directoires de diſtrict auront le même droit à l'égard des procureurs-ſyndics, des procureurs des communes, des officiers municipaux & des juges-de-paix de tout le diſtrict.

Les directoires de département auront auſſi le même droit à l'égard des procureurs-généraux-ſyndics.

Art. XXXVI.

En l'absence ou au défaut du procureur de la commune, du juge-de-paix, du procureur-syndic du district ou du procureur-général-syndic du département, les corps municipaux, les directoires de district ou de département, & subsidiairement les conseils de district & de département, lorsqu'ils se trouveront assemblés, seront, sous leur responsabilité, tenus de faire les réquisitions nécessaires, respectivement & dans l'ordre désigné en l'article précédent.

Art. XXXVII.

En cas de négligence très-grave ou d'abus du pouvoir touchant la réquisition & l'action de la force publique, les procureurs des communes, les commissaires de police, les juges-de-paix, les procureurs-syndics, & les procureurs-généraux-syndics seront jugés par les tribunaux criminels, destitués de leurs emplois, & privés pendant deux ans de l'exercice du droit de citoyen actif, sans préjudice des peines plus fortes portées par le code pénal contre les crimes attentatoires à la tranquillité publique.

Voyez le code pénal, part. II, tit. I, sect. 5.

Art. XXXVIII.

Dans le cas où, soit les officiers municipaux, soit les membres des directoires ou des conseils de district ou de département, contreviendroient aux dispositions du présent décret, la législature, sur le compte qui lui en sera rendu, pourra dissoudre le corps municipal ou administratif, & renvoyer la totalité ou quelques-uns de ses membres, soit aux tribunaux criminels du département, soit à la haute-cour-nationale.

Sans préjudice de l'annullation des actes irréguliers, & de la suspension des membres des municipalités & des corps administratifs, autorisées par la loi.

Art. XXXIX.

La responsabilité sera poursuivie à la diligence des directoires de département à l'égard des procureurs de la commune, des commissaires de police, des juges-de-paix & des procureurs-syndics de district.

Art. XL.

En ce qui concerne les procureurs-généraux-syndics, le ministre de l'intérieur donnera connoissance de leur conduite à la législature, qui statuera ce qu'elle jugera convenable, &, s'il y a lieu, les renverra pour être jugés au tribunal criminel du département.

Art. XLI.

Les chefs des troupes de ligne, de la gendarmerie nationale, de la garde soldée des villes, ou des gardes nationales, qui refuseroient d'exécuter les réquisitions qui leur seroient faites, seront poursuivis sur la requête de l'accusateur public, à la diligence du procureur-général-syndic, & punis des peines portées au code pénal, sans préjudice des peines plus graves prononcées par la loi contre les crimes attentatoires à la tranquillité publique.

Voyez le code pénal, part. II, tit. I, sect. 5, art. 4.

Art. XLII.

Les citoyens en activité de service de gardes nationales, ou même simplement inscrits sur le rôle, qui, hors le cas de la loi martiale, refuſeroient, après une réquiſition légale, ſoit de marcher ou de ſe faire remplacer, ſoit d'obéir à un ordre conforme aux lois, ſeront privés de l'exercice de leurs droits de citoyen actif durant un intervalle de temps qui n'excédera pas quatre années. Ils pourront même, selon la gravité des circonſtances, être condamnés à un empriſonnement qui ne pourra excéder un an.

ART. XLIII.

Les délits mentionnés en l'article précédent ſeront pourſuivis par la voie de police correctionnelle.

Sur la forme de ſe pourvoir par cette voie, conſultez ci-devant le décret du 19 juillet 1791, tit. II, art. 43 & ſuiv., p. 129.

ART. XLIV.

Indépendamment des réquiſitions particulières qui pourront être adreſſées, ſelon les règles ci-deſſus preſcrites, aux citoyens inſcrits pour le ſervice des gardes nationales, lorſque leur ſecours momentané deviendra néceſſaire, ils ſeront mis en état de réquiſition permanente, ſoit par les officiers municipaux dans les villes au-deſſus de dix mille ames, ſoit par-tout ailleurs par le directoire de département, ſur l'avis de celui de diſtrict, lorſque la liberté ou la ſûreté publique ſera menacée.

ART. XLV.

Cette réquiſition permanente obligera les citoyens inſcrits à un ſervice habituel de vigilance; les patrouilles ſeront alors établies ou renforcées & multipliées.

ART. XLVI.

Tous les citoyens inſcrits ſur le rôle des gardes nationales, sont mis par le présent décret en état de réquisition permanente, jusqu'à ce que l'exécution des lois constitutionnelles ne rencontrant point d'obstacles, le corps législatif ait expressément déterminé la cessation de cet état.

ARTICLE ADDITIONNEL

A ajouter à la loi martiale du mois d'octobre 1789.

La loi martiale continuera à être proclamée, lorsque la tranquillité publique sera habituellement menacée par des émeutes populaires ou attroupemens séditieux qui se succéderoient l'un à l'autre : pendant le temps que la loi martiale sera en vigueur, toute réunion d'hommes au-dessus du nombre de quinze, dans les rues ou places publiques, avec ou sans armes, sera réputée attroupement.

Voyez la loi martiale, ci-devant page 65 ; & conférez le décret entier des 26 & 27 juillet avec cette loi martiale.

DÉCRET du 27 juillet 1791,

Scellé le premier août suivant,

Relatif à la déclaration à faire par les habitans de Paris, des noms & qualités des Français & étrangers qui seront logés dans leurs maisons.

L'Assemblée nationale, sur la demande du directoire & de la municipalité de Paris, contenue dans l'arrêté de ladite municipalité du 22 juillet présent mois, décrète ce qui suit :

ARTICLE PREMIER.

Les citoyens habitans de Paris seront tenus de délarer au comité de leur section les noms & qualités des Français non-domiciliés à Paris, & des étrangers qui seront logés dans les maisons desdits citoyens, à peine d'une amende égale au quart de la valeur de leur loyer d'habitation, pour chaque individu qu'ils n'auront pas déclaré.

Art. II.

Tout portier, concierge ou dépositaire des clefs de maisons dont les propriétaires & principaux locataires seront absens, seront tenus de faire la même déclaration, à peine d'être condamnés, par voie de police correctionnelle, à une amende qui ne pourra excéder la somme de cinquante livres, & à une détention qui ne pourra excéder deux mois.

Voyez ci-devant le décret du 10 août 1789, art. 4; & celui du 19 juillet 1791, tit. I, art. 1 & suiv.

Décret du 21 septembre 1791,

Sanctionné le 29 du même mois,

Relatif à l'établissement des commissaires de police dans toutes les villes où on les jugera nécessaires, & qui détermine leurs fonctions.

L'Assemblée nationale décrète ce qui suit:

Article premier.

Il sera établi, par le Corps législatif, des commissaires de police dans toutes les villes du royaume où on les jugera nécessaires, après l'avis de l'administration du département.

ART. II.

Ces commiſſaires veilleront au maintien & à l'exécution des lois de police municipale & correctionnelle; ils pourront dreſſer les procès-verbaux en matière criminelle, conformément à ce qui ſera dit ci-après. Les municipalités détermineront, ſelon les localités, & avec l'autoriſation de l'adminiſtration du département, ſur l'avis de celle du diſtrict, le détail des fonctions qui pourront leur être attribuées, dans l'ordre des pouvoirs propres, ou délégués aux corps municipaux.

ART. III.

Dans les lieux où la loi n'aura pas déterminé le mode de la fixation de leur traitement, il ſera fixé par le directoire du département, ſur la demande de la municipalité & l'avis du directoire de diſtrict, & payé par la commune.

ART. IV.

D'après les fonctions déléguées aux juges-de-paix, les diſpoſitions proviſoires contenues aux articles 14, 15 & 16 du titre IV de l'organiſation de la municipalité de Paris, demeurent abrogées en tout ce qui eſt contraire au décret ſur la police municipale & correctionnelle, & au préſent décret.

Les articles abrogés en cet endroit ſont rapportés ci-devant, page 133.

ART. V.

Les commiſſaires de police, lorſqu'ils en auront été requis, ou même d'office, lorſqu'ils ſeront informés du délit, ſeront tenus de dreſſer les procès-verbaux tendant à conſtater le flagrant délit, encore qu'il n'y ait point eu de plainte rendue.

ART. VI.

Ils pourront aussi être commis, soit en matière de police municipale, par les municipalités, soit en conséquence d'une plainte, par les officiers de police de sûreté ou par les juges, pour dresser les procès-verbaux qui seront jugés nécessaires.

ART. VII.

En cas d'effraction, assassinat, incendie, blessures, ou autres délits laissant des traces après eux, les commissaires de police seront tenus de dresser les procès-verbaux du corps du délit en présence des personnes saisies, lesquelles seront ensuite conduites chez le juge-de-paix, sans néanmoins que les commissaires de police puissent procéder aux informations.

ART. VIII.

Tous les commissaires de police pourront dresser des procès-verbaux hors de l'étendue de leur territoire, pourvu que ce soit dans le territoire de la municipalité.

ART. IX.

Dans le cas où il y aura procès-verbal dressé par les commissaires de police, ils en tiendront note sommaire sur un registre coté & paraphé par un des officiers municipaux. Ils transmettront au juge-de-paix la minute même du procès-verbal, avec les effets volés, les pièces de conviction, & la personne saisie. Les greffiers des juges-de-paix donneront décharge du procès-verbal & des pièces.

Sur le costume des commissaires de police, voyez ci-devant le décret du 19 juillet 1791, art. 48.

Joignez aussi au présent décret celui de l'Assemblée Législative, du premier juin 1792, qui sera rapporté ci-après.

DÉCRET du 21 ſeptembre 1791,

Sanctionné le 29 du même mois,

Relatif à la police municipale de la ville de Paris, ſur la rivière de Seine.

L'Aſſemblée nationale décrète ce qui ſuit :

ARTICLE PREMIER.

La municipalité de Paris ſera ſeule chargée de faire exécuter les règlemens, & d'ordonner toutes les diſpoſitions de police ſur la rivière de Seine, ſes ports, rivages, berges & abreuvoirs dans l'intérieur de Paris, ſans préjudice du renvoi à la police correctionnelle, à l'égard des faits qui en ſeront ſuſceptibles.

ART. II.

Les marchands faiſant le commerce pour l'approviſionnement de Paris par eau, ſeront tenus, à peine d'une amende de 300 liv., de déclarer à la municipalité, ou à l'un des commiſſaires de police, la quantité des marchandiſes, les lieux où ils doivent les charger, & l'époque de l'arrivée.

ART. III.

Les conteſtations qui pourront s'élever ſur l'exécution des traités, marchés, entrepriſes & fournitures relatifs aux approviſionnemens de Paris par eau, en ce qui concerne ſeulement la livraiſon des marchandiſes, les obſtacles & difficultés qui ſurviendroient dans le tranſport, ſeront portées au tribunal de police municipale.

ART. IV.

Le tribunal de police municipale connoîtra des contestations relatives à la justification des qualités, à la régularité des paiemens, & au rebut des quittances, qui pourront s'élever entre les payeurs des rentes sur l'hôtel-de-ville, & les rentiers.

ART. V.

Il connoîtra pareillement des contraventions aux règlemens de police à l'égard des monts-de-piété, lombards & autres établissemens de ce genre, ainsi que de toutes les contestations qui peuvent en être la suite.

ART. VI.

L'appel de tous jugemens rendus par le tribunal de police municipale, sera porté au tribunal établi par l'article 63 du titre II du décret sur la police municipale & la police correctionnelle.

Ce décret, en date du 19 juillet 1791, est rapporté ci-devant, page 219.

ART. VII.

Le corps municipal nommera le greffier & les commis qui seront attachés au tribunal de police municipale : il réglera, avec l'autorisation du directoire du département, leur traitement, lequel sera payé par la commune.

ART. VIII.

Le corps municipal est autorisé, en cas de besoin, à commettre un homme-de-loi, ou tout autre citoyen, pour remplir les fonctions de substitut du procureur de la commune auprès du tribunal de police municipale.

ART. IX.

Le traitement des hommes-de-loi ou autres citoyens qui pourront être commis pour aider le procureur de la commune & ses substituts, dans la poursuite des délits en matière de police municipale & correctionnelle, sera payé par la commune, & déterminé par le corps municipal, avec l'autorisation du directoire du département, proportionnellement au travail dont ils devront être chargés.

DÉCRET du 21 septembre 1791,

Sanctionné le 13 novembre,

Qui ordonne l'exécution provisoire des anciens règlemens de police, relatifs à l'établissement ou l'interdiction dans les villes, des usines, ateliers ou fabriques.

L'Assemblée nationale décrète ce qui suit:

Les anciens règlemens de police relatifs à l'établissement ou l'interdiction dans les villes, des usines, ateliers ou fabriques qui peuvent nuire à la sûreté ou à la salubrité de la ville, seront provisoirement exécutés.

DÉCRET du 21 septembre 1791,

Sanctionné le 29 du même mois,

*Relatif à l'établissement, dans la ville de Paris, de vingt-quatre officiers de police, sous le nom d'*officiers-de-paix, *& qui détermine leurs fonctions.*

L'Assemblée nationale décrète ce qui suit :

ARTICLE PREMIER.

Il sera établi à Paris vingt-quatre officiers de police, sous le nom d'*officiers-de-paix*, avec les fonctions ci-après :

ART. II.

Les officiers-de-paix seront chargés de veiller à la tranquillité publique, de se porter dans les endroits où elle sera troublée, d'arrêter les délinquans, & de les conduire devant le juge-de-paix.

ART. III.

Ils seront nommés par les officiers municipaux, & leur service durera quatre ans.

ART. IV.

Ils porteront pour marque distinctive un bâton blanc à la main. Ils diront à celui qu'ils arrrêteront : « Je vous » ordonne, au nom de la loi, de me suivre devant le » juge-de-paix ». Les citoyens seront tenus de leur prêter assistance à leur réquisition ; & ceux qui refuseront d'obéir aux officiers-de-paix, seront condamnés, pour cela seulement, à trois mois de détention.

Art. V.

Les officiers-de-paix, pendant la nuit, pourront retenir les personnes arrêtées; elles seront conduites, au jour, devant les commissaires de police, s'il s'agit d'objets attribués à la municipalité.

Art. VI.

S'il s'agit d'objets du ressort de la police correctionnelle ou de la police de sûreté, les officiers-de-paix conduiront les prévenus, soit devant le juge-de-paix du district, soit devant le bureau central des juges-de-paix.

Art. VII.

Les officiers-de-paix ne pourront être destitués que par trois délibérations successives du bureau central des juges-de-paix, prises à huit jours de distance l'une de l'autre.

Art. VIII.

Le traitement annuel des officiers-de-paix sera de 3,000 liv., aux frais de la commune.

Art. IX.

Les gardes du commerce continueront, provisoirement & personnellement, à exercer les fonctions qui leur sont attribuées par les lois.

DÉCRET du 1er. juin 1792, 4e. de la liberté,

Sur le mode à régler pour les élections des commissaires de police, qui seront établis conformément à la loi du 29 septembre 1791.

L'Assemblée nationale, après avoir entendu le rapport de son comité de division, sur le mode à régler pour les élections des commissaires de police, qui seront établis conformément à la loi du 29 septembre 1791;

Considérant qu'il importe au maintien de l'ordre & de la tranquillité publique d'accélérer ces établissemens dans les villes où le zèle & la vigilance des officiers municipaux & des juges-de-paix ne peuvent pas suffire à tous les détails qu'embrassent les différentes parties des fonctions qui leur sont respectivement déléguées en matière de police, décrète qu'il y a urgence.

L'Assemblée nationale, après avoir décrété l'urgence, décrète ce qui suit :

ARTICLE PREMIER.

Les commissaires de police qui seront établis dans les différentes villes du royaume où ils seront jugés nécessaires, conformément à la loi du 29 septembre 1791, seront élus pour deux ans, & pourront être réélus à chaque nouvelle nomination.

La loi du 29 septembre est sur le décret du 21, rapporté ci-devant, page 152.

ART. II.

Les décrets concernant la forme des élections des municipalités, & qui règlent les qualités nécessaires pour exercer les

les droits de citoyen actif & pour être éligible, seront suivis pour la nomination des commissaires de police, dont les fonctions sont déclarées incompatibles avec l'exercice de celles d'officier municipal, de notaire & d'avoué.

ART. III.

L'élection des commissaires de police se fera au scrutin individuel, & à la pluralité absolue des suffrages.

ART. IV.

Le renouvellement en sera fait tous les deux ans, & aura lieu immédiatement après les élections des membres du corps municipal & du conseil-général de la commune; néanmoins le remplacement, ou le renouvellement de ceux qui seront nommés avant la première rénovation des municipalités, qui aura lieu à la St.-Martin de la présente année 1792, ne pourra être fait qu'à la même époque de l'année 1794; & il en sera de même de ceux qui seront nommés postérieurement: leur remplacement ne pourra avoir lieu qu'après deux années révolues, à compter du plus prochain jour de Saint-Martin qui suivra leur nomination.

ART. V.

Les élections qui seront faites avant l'époque du renouvellement des municipalités, auront lieu dans une assemblée extraordinaire des citoyens actifs de chaque commune, qui sera convoquée d'après une délibération du conseil-général de la commune, qui en indiquera le jour, huitaine avant la tenue.

ART. VI.

Lorsque les commissaires de police seront en fonctions, ils porteront, pour marque distinctive, un chaperon aux trois couleurs.

ART. VII.

Les commiſſaires de police ne pourront être révoqués dans le cours de leur exercice; mais ils pourront être deſtitués pour forfaiture jugée.

ART. VIII.

Au cas de vacance d'un ou de pluſieurs commiſſaires de police, dans les villes où il y en aura pluſieurs, par mort, démiſſion, ou par une cauſe quelconque dans la ſeconde année de leur élection, le conſeil-général de la commune pourra commettre un, ou pluſieurs des citoyens actifs & éligibles de ladite commune, pour en exercer les fonctions juſqu'à l'époque des élections ordinaires; & ſi la vacance arrive dans la première année, il y ſera pourvu dans la forme indiquée par l'article V du préſent décret.

ART. IX.

Les commiſſaires de police, avant d'entrer en exercice, prêteront, en préſ nce du conſeil-général de la commune, le ſerment civique & celui de bien & fidèlement remplir leurs devoirs.

ART. X.

La ville de Paris ayant reçu un régime particulier quant à ce, par la loi du 27 juin 1790, demeure exceptée du préſent décret.

La loi du 27 juin 1790 eſt ſur le décret du 21 mai, rapporté ci-devant.

TABLE
DES MATIÈRES

Contenues dans le Code Pénal & dans le Code de la Police.

A.

C.

D.

E.

G.

H.

J.

U.

V.

Fin de la Table des Matières.

www.ingramcontent.com/pod-product-compliance
Ingram Content Group UK Ltd.
Pitfield, Milton Keynes, MK11 3LW, UK
UKHW022056260726
13993UKWH00001B/150

9 782329 498706